El COLOCHO

DEDICACIÓN

Con gran emoción y orgullo, dedico este libro a mi Madre María Hortensia Albizures Meza ...

Quien con su devoción y amor siempre, me ha dado felicidad.

A mi Padre Carlos Albizures Sandoval...

A quien extraño....

Pues el tiempo en su vida y la indecisión en la mía, no nos permitiera compartirlo.

Lo dedico a toda mi familia....

Especialmente con mucho amor, a mi Esposa Myriam y a mis hijos Diego y Sophia....I LOVE YOU!

Quienes siempre me animaron a seguir la historia.

A mis hermanos con amor y respeto...

CARLITOS, quien admiro.

ÁLVARITO, quien su espíritu palpita en mi corazón.

NECO, quien ha sido mi amigo

LA NENA...mi segunda Madre.

Historia

Por:

SERGIO ANTONIO ALBIZURES MEZA.

PRÓLOGO

Será para muchos quizás verdadera o tal vez muy parecida esta historia. En ella, sus personajes, aunque ficticios nos llevan a conocer las causas de una realidad con la cual muchos se identifican. Está basada en la cruda realidad de un país como tantos en el mundo que sufren víctimas de la corrupción.

Como tantas historias más, esta también está ligada a la necesidad de sobrevivencia, en un ambiente de inseguridad y pobreza, donde la falta de oportunidades y la escasez de recursos nos obliga a conformarnos siempre con lo mínimo. Todo esto también es el producto de una renuencia individual, en la irresponsabilidad a la NO participación en el beneficio colectivo, debido a nuestra incapacidad de organización.

Creando así, una sociedad indiferente que es controlada por la avaricia y la corrupción, dejándonos la falsa alternativa de pensar y creer, que es de otros la obligación de producir un cambio. Y así, como siempre ponemos nuestras esperanzas en esos que en cada ciclo político nos prometen tanto y que como siempre, nunca lo cumplen.

Con ese pensamiento conformista y falta de participación, también así nosotros, aunque no lo queramos aceptar, contribuimos a la pérdida de los más elementales de nuestros derechos, como, por ejemplo: El derecho de vivir en paz en nuestra propia tierra.

Obligando así a muchos a emigrar en la búsqueda de un mejor futuro y una mejor oportunidad. Dejando la familia, los amigos, nuestra tierra, nuestras costumbres y en muchos casos todo lo que hemos logrado.

Será el sacrificio que tendremos que hacer porque de una u otra forma hemos sido forzados. Y así con nuestra única aliada, "LA ESPERANZA".
Iniciaremos nuestra travesía, que no nos permitirá ver hacia atrás, pues es allí donde lo dejaremos todo, todo lo que hemos sido; pues ahora seremos el producto de nuestra suerte y de nuestra habilidad, donde nuestros planes encontrarán los obstáculos de lo

desconocido, ya que estaremos expuestos a la maldad o bondad de la gente.

Llegaremos a lugares donde nunca ni en nuestros más remotos sueños pensábamos estar. Una nueva vida tendremos que aprender a vivir. No habrá marcha atrás pues este gran sacrificio, debe tener un sentido, unpropósito.

CAPITULO 1

Ciudad de Guatemala.

7:00 AM.
La mamá de Tito lo llama desde la cocina...
----¡Tito, ya va a estar tu desayuno hijo!

Firulais, el perro de la casa, acude de inmediato, aunque no sea a quien están llamando, porque sabe que tiene que estar bajo la mesa para poder obtener las migajas que caerán, ese, quizás hoy será su único desayuno.

La mamá de Tito, DOÑA TERESA, una mujer humilde y bondadosa, siempre muy ocupada haciendo mil cosas a la vez, ya está teniendo un típico DÍA en el abnegado trabajo de una ama de casa. Como tantas mujeres que viven en una realidad llena de limitaciones, ella también trata lo mejor que puede para darle a su hijo y a su esposo lo mejor que sus posibilidades le permiten a pesar de saber que las cosas están difíciles en la economía del hogar.

Accidentalmente en medio de su urgencia se le cae el plato de la mesa, donde Firulais más rápido que perezoso, obtiene más de lo que esperaba como desayuno.

¡CHUCHO! (perro)

Gritaba la frustrada mujer que ve el desayuno desaparecer en cuestión de segundos.
Mientras tanto, Tito observa desde el anonimato detrás de la puerta de la cocina, el inevitable acontecimiento y contempla con semblante de risa y hambre, como desaparece su desayuno bajo el paladar del raquítico perro.

Pensando en voz alta, la mamá de Tito se pregunta y maldice el hecho, diciendo:

¡No solo que ni hay! - ¡Dios mío! - ¿Y ahora que le doy?... Con un suspiro continúa diciendo:

¡Bueno, Le daré lo que quedaba para mí!

Tito suspira adulando la bondad de su madre y haciéndose el desentendido a los acontecimientos, entra silbando a la cocina, donde ya su mamá le servía en otro plato el desayuno que era para ella. De esta manera su pequeño (ya de 15 años). No se iría a la escuela sin comer.

¡Ven hijito aquí está tu desayuno!
¡Nono! ¡cómetelo tu Mamá, Yo no tengo hambre!

¿Queque qué?
Dice ella asombrada, pues sabía que, si algo había heredado Tito de su padre, era el buen diente.

Sí así es, además ese es tu desayuno Mamá, Yo no tengo hambre.
Sonriéndole, Tito continúa diciendo...
¡De todos modos Yo estoy guardando la línea!
Sin embargo, su estómago pareciera inmiscuirse en la conversación al protestar exteriorizando con sonidos y movimientos, como si tomara como sarcástico su comentario...

¡Pero Tito! ¡Tienes que comer!

¡Cómetelo tu mamá!
¡Nunca te veo desayunar!

De pronto, el muchacho dice...

¡Púchica, no me acordaba, hoy tenemos que llegar temprano a la escuela porque tenemos examen de matemáticas!

Firulais, así como el estómago del muchacho, parecían estar igualmente asombrados a esa respuesta repentina.

Y así, Tito actúa su salida de la casa para no quedarse más tiempo, evitando de esa forma que su mamá lo convenciera a comerse el desayuno que le correspondía a ella.

Como cualquier otro día, Tito sale a enfrentar la vida de la calle con rumbo a la escuela, donde las posibilidades tampoco son las mejores.

La falta de recursos que es el común denominador en países como este será para él, como para muchos niños y muchachos de su edad simplemente un futuro incierto. Están atrapados en una economía pobre, producto de muchos factores, los cuales surgen de un sistema corrupto que como una plaga ha tenido el control de nuestra sociedad por décadas, y donde este país, como muchos otros también se hunde lentamente.

La escuela para muchos jóvenes y niños no necesariamente sirve el propósito que una institución educativa debería. La carencia de recursos no permite la existencia de programas educativos de los cuales ellos podrían beneficiarse.

De manera que para muchos de ellos es únicamente el sitio de reunión, donde aprenden y propagan la plaga de corrupción en la que han crecido y dentro de la cual sobreviven, ya que, para muchos, "EL ÉXITO". No está ligado a una buena calificación en la escuela, sino en la supervivencia en un mundo donde las garantías no existen.

Tito a pesar de que es un muchacho decente y de buen corazón, como aún quedan muchos en este país. Sin duda, también está expuesto a este cáncer que consume DÍA a DÍA nuestro país.

Como todos los días, Tito corre hacia la carretera principal, esperando poder llegar a tiempo para aprovechar que alguien que tenga carro, y que se dirija a su trabajo, lo reconozca y lo lleve cerca de la escuela. Así podrá ahorrarse el pasaje del autobús, el cual quizás como muchas veces ni siquiera lo tenga y que, como muchas otras, lo obligará a "COLARSE" (subirse sin pagar).

Afortunadamente para él, alguien en un flamante carro azul se detiene pues lo reconoce caminando a la orilla de la carretera. Admirado al ver como la ventana del lado del pasajero baja electrónicamente del flamante automóvil, Tito dice...
¡Buenos días, Don Roberto!
¿Vas para la escuela?
Responde el mal encarado individuo. Tito presiona los cintos de su mochila y piensa, que... ¿Acaso no era obvio?
¡Vamos súbete!
¡Gracias, señor Rodríguez! Exclama Tito abriendo la puerta, se sienta y admirando aquel lujoso automóvil, piensa...
¡Esta nave sí que esta chilera!

¿Y que, tu papá no te quiso llevar hoy a la escuela?
Dice sarcásticamente Don Roberto.
Perdido en su imaginación Tito se queda callado por unos segundos y luego responde...
Ah, Nono, lo que pasa es que mi papá ahora tiene que entrar más temprano y pues como tuvo que vender el carro, porque lo que gana ya no le alcanza para la gasolina pues.
¡Ah que Carlos, está así porque quiere!
Dice interrumpiendo Rodríguez con burla en su sonrisa.
Asombrado y a la vez confundido, Tito lo ve y tan solo sonríe sin realmente entender el comentario.

En cuanto el carro se acerca a unas cuadras de la escuela, Tito le dice a Don Roberto, que no era necesario que lo llevara hasta la escuela, que él caminaría desde allí, pues no quería que el señor llegara tarde a su trabajo por su culpa.
Don Roberto a todo esto responde:
¡Vaya, vaya, "hijo de Tigre Tigrito" eres igual de responsable y considerado que tu padre!
Gracias, señor, pero lástima que no puedo usar esos atributos para nada, pues no tengo trabajo, sino podría ayudar a mi papá.
Respondió Tito con decepción. Con una voz altanera Roberto Rodríguez pregunta:¿Trabajo? Yo te puedo dar trabajo, ven a buscarme en la tarde después de la escuela a la oficina y hablamos.
¿En serio? Pregunta el inocente muchacho.
¡Por supuesto!
Dice Rodríguez con una sonrisa no muy sincera.

Tito se baja del carro lleno de esperanza, porque a pesar de haber perdido su desayuno esa mañana, por lo menos creía estar teniendo un mejor día después de todo.

CAPITULO 2

Después de pasar lista, el profesor comienza a dar los resultados de los exámenes del día anterior. La indiferencia entre algunos de los alumnos se hace ver, especialmente para esos muchachos que piensan que es irrelevante el sacar una buena nota, pues ya en sus vidas las aspiraciones están comprometidas con otra clase de enseñanzas que los involucran con la corrupción y el vicio.

Tito, aunque ha sacado buenas notas y es una de las excepciones entre los otros muchachos, no deja de estar expuesto a esta corriente que arrasa con todo a su paso. Como muchos, él también es una potencial víctima que será únicamente cuestión de tiempo para que también sea parte de otra estadística más.

A la hora del recreo, con una actitud sospechosa a Tito se le acercan varios muchachos que generalmente no son parte del grupo en el que el acostumbra a estar, sin embargo, Tito sabe muy bien quienes son.

¿Qué pasó Tito cómo estás?

¿Que hubo Mañas!
¿Como... te... va?
Responde Tito con asombro y timidez, pues sabe cuáles son los antecedentes del Mañas y sus amigos.

¿Oye Tito, me contó un pajarito que andas buscando trabajo?

¡Si así es...!
Responde Tito asombrado y confundido, pues él no había hablado de esto con nadie, más que con Rodríguez, pensó.

Aún confundido, con una sonrisa llena de incógnita delineada en su expresión, él responde:

¡Hoy tengo que ir a una entrevista después de la escuela!

¿Y que, tú crees que te van a dar trabajo?

¡Bueno, espero que sí, porque realmente lo necesito!

Dice el desconcertado muchacho ante la interrogación del Mañas. Escuchando desde la esquina del corredor, otro de los muchachos que había llegado con El Mañas llamado "FREDY". Tan solo sonríe a la inocencia de Tito.

¡Pon los pies sobre la tierra compadre!
Dice el Mañas.

¡En esos trabajitos nunca pasas de Sope a Gavilán!

Si estás interesado en ganar mucho dinero, yo te podría conectar con mis cuates y le entras al negocio.

Tito sin tener conocimiento exacto de cómo el Mañas y sus amigos obtenían el dinero que gastaban en la escuela, y que les permitía siempre vestirse a la última moda con ropa definitivamente inaccesible para la gran mayoría de estudiantes. Simplemente, sabía lo que los rumores que rondaban entre sus amigos decían, pues ellos, El Mañas y sus seguidores eran de los pocos alumnos que llegaban todos los días en su propio carro, equipados con los últimos accesorios, y que se sabía eran carísimos. Tan solo tenía una vaga idea de los negocios a los que el Mañas se refería.

Intimidado por aquel peculiar individuo, Tito le pregunta en una forma inocente....

¿Y cómo cuanto es "MUCHO DINERO"?

El Mañas ve a Tito con una mirada nublada por el efecto del vicio en su existencia y le dice:

¿Mucho, mucho dinero, más que el que jamás imaginaste tener!

¿Y.... yo... como qué, tendría que hacer?
¡Mira compa!
Dice el Mañas, volteando a ver a sus compinches y luego al final del corredor.

¡Yo nunca he creído en el trabajo pesado, eso es para los PEONES!
¡Yo te hablo de buenos negocios compadre!

Con cara de asombro Tito le pregunta al Mañas, que a cuáles Negocios él se refería.
Pasándose los dedos por la sombra de su bigote El Mañas responde.

Eso, lo tenemos que platicar en otro momento, ¡en otro lugar Tito!

Pues no sé...Dice el muchacho con un gesto de desconfianza dentro de su inocencia, agregando.

¡Quisiera ir a la entrevista primero!

Con una actitud violenta, El Mañas hace a un lado a Tito abriéndose paso diciéndole...
¡Bueno pues tú te lo pierdes pendejo!
Con una mirada penetrante, pero con una extraña satisfacción en sus ojos, el otro muchacho llamado Fredy, mira a Tito al caminar separado de los otros dirigiéndose hacia el final del corredor, donde se ve al director de la escuela que los ve al pasar al lado de él, pues venía hacia donde Tito estaba siendo entrevistado para un trabajo que definitivamente, le cambiaría el rumbo de su vida.

¡Oye Tito!
Exclama el director en cuanto se acerca a él.

No me digas que ahora eres amigo de estos "BUENOS PARA NADA"
Dice el director, mirando al Mañas y a los demás que desaparecen entre los alumnos al final del corredor.

No don Pedro, solo platicábamos.
Ten cuidado Tito, esas juntas no son buenas
Con respeto a la autoridad ante él, Tito se retira diciéndole:
Muy bien Don Pedro.
¡Tito-Tito!
Exclama una voz al final del corredor, era Martha, una de las compañeras de Tito quien era la que se dedicaba a la ardua tarea de llevar la información de lo que pasaba en la escuela a todo el que la escuchaba, o en pocas palabras:
"LA TÍPICA CHISMOSA".

Ansiosa esperaba que Tito le contara en qué lío estaba metido, pues vio cuando don Pedro hablaba con él y al mismo tiempo señalaba al Mañas y sus compinches.

Hola Martita, dice Tito con una sonrisa avergonzada, pero apresurando el paso al regresar al salón de clases y así eludir la mirada llena de sospecha del director.

La campana suena y es el final de clases, como siempre los amigos de Tito se reúnen en la puerta de la escuela esperando a las chicas para el cortejo diario. Reaccionando por supuesto a esa revolución hormonal que a esa edad ocurre. Tito, sin ser la excepción llega a la acostumbrada reunión, también como flamante Pavo Real a hacer su despliegue físico, con la esperanza de atraer a la Patoja que revuelve sus hormonas.
"ROXANA"
La muchacha más cortejada en la escuela por su belleza, popularidad y líder del grupo de BATONISTAS.
Tito por supuesto no es la excepción a los demás con respecto a su atracción por Roxana, pues a él también, como se dice popularmente, "Ella, lo trae caminando por la calle de la amargura". Desafortunadamente para Tito, la competencia debido a su situación económica era difícil en contra de algunos de los muchachos que pretendían a Roxana, pues algunos de ellos sí tenían los medios que muchas veces cautivan a las muchachas que buscan lo material, especialmente en un sistema con tantas carencias y necesidades; donde el valor de una persona se juzga no por sus principios o humildad, pero por el dinero y poder que posee.

A pesar de haber una notable atracción entre Roxana y Tito la cual surge desde el día que se conocieron en un viaje de campamento escolar.
Siempre se manifiesta al cruzar miradas en las pocas veces que han podido hablar, cuando juntos, aunque sea por tan solo unos momentos, han podido interactuar antes de otra vez, ser interrumpidos por las otras muchachas que, por lo regular, siempre están cerca de ella; y quienes la terminan distrayendo y alejando de él.
Y así, pareciera que siempre pierde la batalla, luchando en contra de un mundo superficial donde tan sólo puede ofrecer sus

sentimientos, que, al parecer para ella y otras muchachas, no son suficientes.

Por eso, cuando Roxana lo ve, Tito se conforma únicamente con el destello de una mirada esporádica desde la distancia, intercambiando en ese momento, esa conexión entre los dos, el espacio de un sueño, de una realidad que pareciera imposible para él.

Suspirando por ese mágico momento, Tito recuerda que tiene una entrevista de trabajo y se despide de sus amigos.

El muchacho se aleja tan solo viendo desde la distancia nuevamente a Roxana, que se queda con sus amigas admirando el carro de uno de esos muchachos llamado Armando.

CAPITULO 3

----¡Buenas tardes!
Dice Tito a la muy atractiva secretaria.
----¡Hola!
Responde jovial mente la simpática muchacha detrás del escritorio.

----¿El señor Rodríguez, se encuentra?
¡Me dijo que viniera!
La muchacha lo ve detenidamente y le pregunta...
¿Tú eres el hijo del Señor Carlos verdad? ----¡Sí! ----¿Usted conoce a mi Papá?
----¡Bueno! ¿Digo, depende de que Carlos estamos hablando?
Dice rápidamente Tito avergonzado.

----¡Don Carlos el contador, el que viene a hacer las auditorías!

----¡Ah, entonces sí!
Le dice Tito con una sonrisa tímida, pues ella también sonreía al comentario.

----¿Dices que Don Roberto Rodríguez te dijo que vinieras?
Tito asiente a la pregunta, la muchacha pensaba:

----¿Y ahora que le picó a este viejo?
Ella no se explicaba porque Rodríguez había citado a este muchacho.

----Bueno... Dice la amable muchacha.
----Ya vuelvo, voy a avisarle que estás aquí.
Con disyuntiva en su mente la muchacha camina hacia la oficina de Rodríguez y como es costumbre toca la puerta y entra. Sorprendida por la escena que la esperaba, la muchacha presencia algo que ella únicamente había oído en los rumores de oficina.
Con cara de asombro, la secretaria ve como una mujer desconocida para ella pero que momentos antes había visto en los pasillos del edificio, emerge de por debajo del escritorio de

Rodríguez. Los ojos de la asombrada secretaria tratan de ver a al funcionario, más no puede evitar también ver a la mujer. Con indiferencia y sin pudor, Rodríguez exclama.

----¿Qué diablos quiere señorita?
----¿No se da cuenta que estoy muy, pero muy ocupado?
Sonriendo cínicamente y haciendo un gesto con sus ojos perdidos en el trance de su vicio, tan solo viendo hacia abajo, dice nuevamente, no ve que estoy muy ocupado.
Inmediatamente ella se disculpa, y sale de la oficina maldiciendo y repudiando el momento que había presenciado.
Tito mientras tanto esperaba ansioso en la recepción, viendo como la otra secretaria se deleitaba metiendo le el diente a lo que parecía una jugosa hamburguesa. Mientras tanto la secretaria que miraba a Tito desde la distancia pensaba que le diría, pues sabía que Rodríguez no lo iba a atender.
Mirando al muchacho se daba cuenta también, como Tito, se saboreaba la hamburguesa que la otra secretaria se disponía a deleitar. Con pena se acerca para decirle que el señor Rodríguez no lo iba a poder atender hoy.
Ya asimiladas las noticias, Tito se despide de la muchacha que lo había atendido tan cordialmente quien veía la decepción del muchacho.

----¡Bueno, gracias por todo ya me tengo que ir!
Dice Tito y con cara de hambre voltea a ver a la otra secretaria, que se comía el último pedazo de hamburguesa.
----¡Adiós!
Dice la secretaria que ve a Tito con lástima.
----¡Perdona, no pregunté tu nombre!

¡Tito, me llamo Tito!

¡Mucho gusto Tito, yo me llamo Yuli!

----¡Mucho gusto...señorita Yuli!
Responde Tito haciendo una pausa extendiendo su mano para agarrar la de ella, cautivado por el negro de aquellos ojos, los cuales con timidez evade después de unos segundos, y tan sólo delineando también una sonrisa tímida.
----¡Bueno, gracias otra vez y hasta pronto!

Yuli suspira al ver a Tito dirigirse hacia el elevador con sus esperanzas quebrantadas, lo cual repentinamente la hace pensar... Que injusta es la realidad en este país que desafortunadamente está controlado por la irresponsabilidad de esos involucrados en la corrupción. He allí, un muchacho quizás con mucha necesidad que llegaba con la esperanza de encontrar un trabajo o quizás a buscar ayuda, con alguien que para su desgracia y la de todos los ciudadanos de este país, pues lo que estaba supuesto a hacer en su trabajo como empleado público no lo hacía y como tantos lo menos que hacía era ayudar a la gente, pues estaba metido en su vicio y corrupción.

Mirando a su alrededor, Yuli piensa, mil cosas cruzan su mente y por alguna razón ella, de pronto toma su chaqueta y su cartera del respaldo de la silla y exclama:
----¡Tito, espérame!
La otra secretaria que terminaba su almuerzo, al ver el apuro de Yuli, le dice:

----¡Yuli, todavía falta mucho para que salgamos!

----Yo sé... pero----Yo ya me voy.
Dice Yuli, acomodándose la chaqueta.
----¡Te van a regañar, quizás hasta te van a despedir tonta! ---- ¡Además, a donde fregados vas?
Pregunta la confundida secretaria que no entendía porque su compañera había decidido irse. Suspirando profundamente con una sonrisa llena de conformidad, pero irónicamente, Yuli responde...

----¿Como me van a despedir de un lugar donde yo ya no trabajo?
Con la mandíbula por los suelos, la otra secretaria ve como Yuli corre en dirección del muchacho que se había quedado estático deteniendo la puerta. Al entrar junto a Tito al congestionado elevador Yuli ve en dirección hacia la oficina de Rodríguez, quien salía en ese momento y a quien ella con una mirada penetrante juzgaba al corrupto funcionario, que ve como Yuli desaparece al cierre automático de las puertas.
Aun sin entender, Tito ve a la bella muchacha que con un suspiro de tranquilidad le pregunta...

----¿Tito ya almorzaste?
Como si fuesen palabras los sonidos de su estómago, suplicaba que Tito no fuera a responder con un sarcástico comentario como el de la mañana.
Con vergüenza en la expresión de su cara, Tito responde que no. Sin decirle nada, Yuli sonríe pues pensaba que ya tenía un galán que la acompañara a comer.
Finalmente, llega hasta el nivel de abajo el congestionado elevador y al abrirse las puertas, Tito comienza a divisar una figura muy conocida para él.

El papá de Tito (Don Carlos) le dice...
----¿Tito qué haces aquí, le paso algo a tu Mamá?
----¡No papá!
Dice Tito, pero antes de poderle explicar la verdadera razón de el porque se encontraba en aquel edificio, la oportuna muchacha le dice a Don Carlos:
----¡Es que... Tito es compañero de mi primo en la escuela y el me hizo el favor de venir a decirme que mi Tía se siente muy mal!
El desconcertado muchacho sin saber de qué rayos la linda chica estaba hablando, pensó que sería mejor seguirle la corriente pues el propósito de su visita a ver a Rodríguez no había tenido éxito y para no decepcionar a su Papá. Por lo tanto, aún sin entender la razón de Yuli para decir eso, afirmo todo lo que ella decía a su Padre.
Con una sensación de disyuntiva, Don Carlos los ve detenidamente y con un tono dudoso, dice:
----Ah Bueno, espero que su tía se mejore entonces...

Pero Tito, creo que ya debes irte para la casa, tu Mamá ya debe estar preocupada por ti, y ya sabes cómo es ella.
----Si Papá
Responde Tito con reverencia, mirando hacia abajo al continuar caminando hacia la puerta principal.
----¡Tito!
Exclama Don Carlos:
----¿Ya almorzaste?
Mirando a Yuli Tito responde que aún no. Don Carlos busca en sus bolsillos dinero para darle, pero Yuli muy atentamente le dice a Don Carlos agarrándole el brazo.
----¡No se preocupe, yo lo invito a comer!

Con una sonrisa de agradecimiento, los dos la miran y Don Carlos, dice:
----Patojo, felicidades, vas a ir a almorzar con la mujer más bella de este edificio...cuídala mucho.
El sonrojado muchacho ve a Yuli y tan solo se sonríe admirando los bellos ojos de la chica que también se veía avergonzada después del oportuno piropo de don Carlos.

Después de irse los muchachos, Don Carlos se queda esperando el elevador, de pronto las puertas se abren, mostrando la espigada figura de una mujer que, aunque maltratada por la influencia de los narcóticos que consume, así como también las noches de desvelo, que inevitablemente se refleja en sus párpados, todavía ella tenía rezagado en el tiempo, el atractivo que en algún momento de su vida tenía de una bella mujer.

----¡Hola guapo, como te va?

----¿Hola Claudia, que te trae por aquí?
Responde Don Carlos.
----¡Ah pues, Visitando viejos amiguitos, ¡tú sabes!
 Dice con un tono sensual, pero con la mirada perdida en su dimensión narcótica.
----¡Me imagino! ----¡Digo! ¡Qué bien!
Dice Don Carlos con lástima y compasión al ver a la maltrecha mujer.
----¿Y que, guapetón, cuando me llevas a bailar?
Pregunta la drogada mujer acariciándole la barbilla, agregando con coquetería.
----¿O que, tu mujercita no te deja?
 Don Carlos apresura su entrada al elevador, y deteniendo las puertas le dice:
----¡Lo siento preciosa lo que pasa es que yo, soy esclavo de un solo amor!
 Y allí queda aquella mujer, en medio de un suspiro, tan solo viendo las puertas del elevador cerrarse.

----¡Estúpido! ----¡Como me gusta el condenado!

Exclama la despreciada mujer que ve a Don Carlos esfumarse ante sus encantos.

Al llegar al tercer piso, Don Carlos ve hacia el escritorio de Yuli pensando aun con duda, de cuál era la verdadera situación.

¡Hola Don Carlos!
Dice Ana, la otra secretaria.
----¿Como le va Anita?
Responde Don Carlos, aun viendo la silla de Yuli.
----¿Qué le pasaría a la tía de Yuli?
Pregunta Don Carlos.

----¿Porque dice eso?

Bueno porque la encontré allá abajo y me dijo que tenía que ir a la casa de su tía porque se sentía mal...
¿Acaso usted no sabe qué pasa?

Anita abre los ojos en asombro preguntando...

----¿Ella le dijo que su tía se sentía mal?

----¡Así es!
Dice Don Carlos.
----¿Pero si su única tía, se murió ya hace más de un mes?
Murmura entre dientes la confundida secretaria.
----¿Anita, Está Roberto?
Pregunta Don Carlos a la des ubicada Anita, que pensaba:
----¿En qué andará metida la Yuli?

----¡Señorita! ----¿Está Rodríguez?
Pregunto otra vez Don Carlos.
----¿Quien?
Ah Si sí. ¡Ya señor ya lo anuncio!

----¡No se preocupe yo toco la puerta!
----¿Pero ¿qué le pasa Anita que está tan despistada?
----¿No, es que no entiendo? su hijo, estuvo aquí.

----¿Si él fue el que le vino a avisar a Yuli, porque él va a la misma escuela que el primo de ella!

Nuevamente Anita se pierde en el pensamiento y la interrogación pensando:

----¿Su primo, pero si Doña Carmen (tía de Yuli) nunca tuvo hijos?
Don Carlos, al ver el despiste de la muchacha mejor la deja en el LIMBO y toca la puerta de Rodríguez.

----¡Carlitos!
Exclama el drogado funcionario con una admiración hipócrita.
----¿Que te trae por estos Lares?
----Bueno pues, trabajo Roberto y que más, el ministerio me ha mandado a hacer una auditoría de tu departamento.
Ya el ministerio como cosa rara había detectado que en ese departamento había anomalías con fondos que habían sido supuestamente usados para obras públicas, pero que como siempre los funcionarios corruptos como Rodríguez se los habían robado.
----¡Quieren un reporte Roberto, así que voy a necesitar todos los libros y la documentación de los últimos tres meses...!
Pero antes de que continuara, Don Carlos hace una pausa mirando fijamente a Rodríguez a la cara.
----¿Qué pasa?
Pregunta Rodríguez.
----Roberto, te está saliendo sangre de nariz.
Y con una mirada nublada, pero con nerviosismo, trata de limpiarse la gota de sangre que resbalaba por su muy bien recortado bigote.
Don Carlos saca su inmaculado pañuelo blanco decorado con sus iniciales en una de las esquinas y se lo da a Rodríguez diciendo...
----¿Sigues en esa porquería Roberto?

----¡Nono mi Carlitos, claro que no!
responde el desconcertado individuo agregando...

----¡Es que ahora si me está dando duro la gripe!

Dice entre una sonrisa nerviosa, tratando de cubrir los residuos del polvo blanco que le provocaba el
sangrado de nariz.

----¿Oye Carlitos, porque no hablamos de esto de la auditoria otro DIA? Dice Roberto arreglando unos documentos en su escritorio y metiéndolos rápidamente a su portafolios....

----¿Pero Roberto, para eso estoy aquí, tú sabes que esto se llevará más de dos semanas!

----¡Nono, mi Carlitos hoy no puedo, ya me tengo que ir!
----¡Además, Yo tengo otros asuntitos que quiero tratar con vos, okey!

Y sin mirar atrás Roberto Rodríguez sale de la oficina, dejando a Don Carlos con la palabra en la boca. Mirando a su alrededor con desconcierto, disgustado Don Carlos también sale de la oficina momentos después.

Anita la secretaría ve como su jefe sale de la oficina sin decir nada, así como momentos después también sale Don Carlos, quien tampoco dice nada al pasar por el escritorio de Anita que tan solo piensa...

¿Pero que les está pasando a todos hoy, será el eclipse solar del otro día?

Subiendo sus hombros en reacción a los acontecimientos, Anita suspira y simplemente muerde nuevamente la manzana que ya estaba comiendo.

CAPITULO 4

Mientras tanto Tito y Yuli ya deleitaban una deliciosa hamburguesa. Después de unos minutos de festín, Tito se da cuenta como Yuli disfruta verlo comer con tantas ganas. Con vergüenza Tito se detiene, pues también se da cuenta que aún no había preguntado el porqué de la historia que Yuli se había inventado.

¡No le he dado las gracias por invitarme!

¡No te preocupes!

¿Disculpe señorita Yuli?

¡Ah nono, Yuli nada más!
¡Yo tan solo soy uno o dos años más grande que tú!
Dice la bella muchacha.

Con una sonrisa tímida, Tito afirma su comentario.

¿Yuli, porque le dijo todo eso a mi Papá?

Ella sabía que era cuestión de tiempo para que Tito hiciera esa pregunta.
El semblante de alegría a preocupación cambiaba rápidamente en el rostro de Yuli.

Bueno pues... Tito tu papá no podía saber que tu llegaste a pedirle trabajo a Rodríguez, Yo sé que tú crees que él te iba a dar trabajo tal y como me dijiste cuando caminábamos hacia acá, pero. eso no iba a suceder.

¿Pero usted cómo sabe eso?
Dice Tito que no entendía nada.

Mira Tito, tú lo único que tienes que hacer es mantenerte lo más alejado de Rodríguez.

Dice la muchacha en una forma autoritaria, con el afán de proteger al muchacho.

¿Porque me dice todo esto?
 Pregunta Tito, perdiendo el concepto de respeto que había tenido por ella hasta ese momento pues parecía como que ella estuviera atribuyendo se el derecho a decidir por él.

Yo lo único que quiero es trabajar. Dice Tito que conforme transcurría la conversación, perdía más y más la calma, y aún más al pensar que ese día, él, había hecho un gran sacrificio y había llegado con ilusión a donde él creía le darían un trabajo.

Rodríguez no estaba en condiciones de recibirte, y por eso....

Tito ve a Yuli y se queda esperando a que ella terminara lo que había empezado a decir, pero ella no dijo más. Poniendo el resto de la hamburguesa que le quedaba sobre la mesa, Tito le pregunta...

¿Acaso no le dijo al señor Rodríguez que yo había llegado a buscarlo?

Bajando la mirada en silencio Yuli confirma la duda de Tito...De pronto a la mesa se acerca una muchacha, que había reconocido a Yuli.

¿Yuli?
¡Hola que tal...Tanto tiempo sin verte!
¿Desde que nos graduamos verdad?
 Dice la muchacha abrazando a Yuli, ignorando completamente a Tito en la emoción de ver a su amiga.
 Ella también la abraza, pero a su vez, ve a Tito, que por unos segundos se queda pensativo sin saber qué hacer.
 Sin entender, disgustado Tito se levanta y sale a la calle, donde frustrado camina rápidamente alejándose del lugar. Yuli lo ve y separándose del abrazo con su amiga le pide que la escuche, más Tito no se detiene y la deja allí.

¿Problemas amorosos?

Dice la amiga de Yuli, Ella le sonríe con un movimiento de negación de su cabeza, pero expresando preocupación al ver a Tito pasar por la ventana, evidentemente con disgusto en su semblante.

Sin rumbo determinado Tito caminó por un buen rato aún sin entender saber cuáles eran las intenciones de Yuli.

Debido a no tener dinero para el autobús, Tito tuvo que caminar muchas cuadras prácticamente cruzando todo el centro de la ciudad. En medio de su enojo no se da cuenta que había caminado en dirección contraria. De pronto cuando reacciona, él ve a tan sólo unas cuadras de distancia, que en una de las calles estaba aglomerada una gran cantidad de gente, quienes parecían estar manifestándose en contra del gobierno. Lo cual era algo ya muy común en la ciudad capital debido a las condiciones del país. los manifestantes agitaban pancartas y que, al unísono, cantaban frases exteriorizando su disgusto. Esto sin duda era común en una sociedad regida por la corrupción y donde el pueblo vivía oprimido por la injusticia y el abuso. Donde la única forma de escape a tanta frustración era manifestando se y perturbando el orden público.

De pronto Tito ve que la gente había bloqueado completamente la calle, en medio de la multitud se veía a un bus amarillo de la ruta "Eureka" qué no había podido continuar su rumbo.

Los pasajeros del autobús se bajaban rápidamente pues los manifestantes comenzaban a mover el bus de un lado al otro con la intención al parecer de poder volcarlo sobre el costado.

Sorprendidos, los manifestantes escucharon tres explosiones. Inmediatamente después, nubes de humo blanco se filtraban entre la multitud, quienes corrían en todas direcciones en una forma frenética. Tito en medio de la confusión, se queda estático y tan sólo ve cómo algunos de los manifestantes trataban de alejarse para escapar de la nube de humo.
Otros regresaban al bus, usándolo como escudo para poder tirar piedras y bombas incendiarias a la policía qué ganaba terreno empujando a los manifestantes.

Tito es sorprendido por una gran explosión causada por el estallido de lo que pareciera ser el tanque de gas propano, con el que este bus operaba. Ya había sido incendiado por algunos de los manifestantes y el vehículo comenzaba a arder sin control.

El sonido metálico en el asfalto se oía al caer de más proyectiles que explotan y dejan salir el gas lacrimógeno, convertido en nubes blancas que ya rodaban muy cerca de donde estaba Tito. Él, finalmente reacciona al sentir por primera vez, la asfixiante sensación que produce dicho gas. Tosiendo y restregándose los ojos, también corre con la multitud que lo empujaban al pasarlo rápidamente. De pronto ve como un muchacho es impactado por una bala de goma que era disparada por el escuadrón antimotines que se acercaba rápidamente.

Tito sigue a un pequeño grupo de personas a través de un callejón pues veía cómo la policía venía pegándole a todo el que se encontraba a su paso. Todos continuaban corriendo, creando un verdadero caos en la gente al tratar de huir.

De pronto Tito tropieza con los pies de otra persona que corren delante de él y cae de bruces sobre el pavimento, trata de levantarse, pero es empujado por la multitud que seguía corriendo en su afán de escapar de los gases lacrimógenos. Nuevamente Tito trata de levantarse, pero un golpe en la cabeza lo hace quedar inconsciente.

Unas horas más tarde poco a poco Tito despierta acostado sobre la banqueta pegado a la pared aún con dolor en la cabeza. Él se da cuenta que el bullicio de la manifestación y el ruido de las bombas lacrimógenas había cesado. Sin embargo, el ardor en sus ojos y garganta persistían con mucha cautela, se asoma a la calle y no ve a nadie, lo cual lo hace caminar hacia la siguiente calle. Pensaba que así podría ubicarse para poder salir de allí lo más rápido posible. Para su mala suerte, la calle a donde había llegado había sido bloqueada por la policía. Sin tener otra opción, llega hasta donde están los policías, los cuales le impiden el paso y le dicen que se aleje o que si no lo iban a arrestar.

Tito se regresa al lugar donde había quedado inconsciente, más veía que no había forma de como pasar. Sin embargo, piensa que la gente a la que él seguía no había regresado; de manera que tendría que haber una salida al final del callejón.

Efectivamente, la multitud había roto una puerta de madera que conducía a la parte trasera de un restaurante.

Tito como los demás, se mete y pasa en medio de la cocina.

Uno de los trabajadores lo ve y le dice:
¿Vos que haces aquí? Y al mismo tiempo grita.

¡Checha! ¡te dije que cerraras la puerta, por la gran puta!
Tito se asusta pues el individuo tenía un cuchillo de carnicero en su mano y sale corriendo a toda velocidad, pasando por en medio del comedor.

Después de haber podido salir del callejón, donde tuvo que estar escondido por un largo rato antes de poder también salir del restaurante, el muchacho caminaba ya por varias cuadras, donde la noche ya se había hecho dueña de las calles. Tito llega a uno de tantos parques en la ciudad y a pesar de la oscuridad él contemplaba el vació del portal, decorado por la belleza de sus columnas y arcos de arquitectura colonial, destrozados por el abuso del tiempo, la ignorancia y negligencia de una sociedad con un futuro incierto, como el que experimentaba aquel humilde muchacho.

Al caminar por aquel interminable corredor, viendo hacia el final de este, Tito ve una estrafalaria figura, que se asomaba por detrás de una de las columnas.

La visibilidad era mínima, tan solo alumbraba una bombilla de luz que se balanceaba de una de las vigas que sostenían el techo del portal, y que se movía con el vaivén del viento frio de la noche.

Tito aprieta el paso porque una sensación en su estómago presiente algo malo, Tito ve hacia atrás y ve que la soledad del lugar presagiaba peligro, se da cuenta que su trayecto por aquel interminable corredor se hacía más y más largo conforme el nivel de su ansiedad subía.

Mas siluetas emergen por detrás de las otras columnas cuya inmensidad se veía conforme él se acercaba. De pronto siente el impacto de un cuerpo que en una forma violenta lo abrazaba tratando de inmovilizarlo, y que lo empujaba contra una de las gruesas columnas que sostenían el edificio colonial.

Tito, aunque asustado, forcejeaba para liberarse, sin mucho éxito pues otro individuo también trataba de inmovilizarlo, al continuar su batalla ya en ese momento pasan por su mente muchos pensamientos, pues temía por su vida.

Sabe que nadie salía vivo en ataques como ese, de pronto ve el resplandor metálico de un cuchillo, que con brutal rapidez se acercaba hacia él.

Y cuando la sensación de impotencia para poderse liberar le decía que era el final.

Una voz se oye repentinamente en el eco del oscuro corredor y en el forcejeo, el tan solo veía una silueta que decía:

"No te lo eches".

¡Ya muchá!

¡Suéltenlo!

Exclama con más autoridad la figura que conforme los ánimos se calmaban, comenzaba a tener una cara entre la oscuridad.

¿Qué no deberías estar ya en tu casita como niño Bueno?

Dice la figura. Y con más atención Tito, comienza a distinguir esa voz que definitivamente él ya conocía.

¿Freddy?
Pregunta Tito con agotamiento en su voz después de forcejear en vano por su vida.
Y en silencio la silueta de Fredy se alumbraba con la lumbre de su cigarrillo que se prendía previamente al humo que salía por sus nasales, como un dragón en la mitología medieval.

Arreglándose la camisa que se había desorganizado en el ataque, Tito ve como sus atacantes se alejan comentando la pelea que él les había dado y lo cerca que estuvieron de matarlo.
¡Te salvó la campana pendeja!
Le decían los maleantes riéndose al alejarse del lugar, rozando las columnas con la punta de sus cuchillos.
Tito definitivamente estaba de acuerdo con los sarcásticos comentarios de sus atacantes. Tito se da cuenta que ellos caminan hacia donde estaba quién parecía ser el Mañas quien veía el ataque desde la distancia.

Mientras tanto Fredy, con la espalda hacia Tito contemplaba con una Mirada perdida el silencio en el parque. Dándole los últimos jalones a su cigarrillo el cual lanza como proyectil lo más lejos que puede hacia la calle, donde ya abundaba la irresponsabilidad de la

ciudadanía que, con su ignorante negligencia, habían depositado su contribución de basura durante el DIA.
Tito ya más recuperado y con el nivel de su respiración más tranquilo, dice:
"Gracias Fredy" Si tú no hubieras aparecido...

¡Ya fueras Cadáver compadre!

Interrumpe Fredy a Tito, aun viendo hacia el parque.

¡Si claro!

afirma Tito con una sonrisa temerosa y moviendo su garganta como si nuevamente le faltara el aire.

¡Estoy en deuda con vos, lo malo es que no tengo dinero para pagarte!
Fredy voltea a ver a Tito y le dice:
"La vida no tiene precio."
Tito mirando a Fredy se da cuenta en ese momento de lo que era el verdadero significado de esa expresión y sabía que de una u otra forma, aunque no lo quisiera estaba vinculado a Freddy.

De pronto Fredy escucha un notorio silbido al cual ya estaba acostumbrado, era como el sonido de un gavilán anunciando su presencia, listo para descender de las alturas y atrapar a su presa. Este sin embargo para Fredy era la señal de retirada, los miembros de su Pandilla lo alertaban, era hora de correr.
Con una voz autoritaria, Fredy le dice a Tito:

"Sígueme"!

¿Qué pasa?
Dice Tito:

"Si quieres seguir viviendo échate a correr allí viene LA TIRA (la policía)"

"La policía?
"¡No, nono...otra vez no!

dice Tito:

"Pero si yo no hice nada"!

"¡Si pendejo, pero estas aquí con nosotros y estos hijos de Puta pegan y después averiguan"!

Le responde Fredy quién lo jala del brazo.

Y así Tito nuevamente se veía arrastrado por esta corriente en la cual no tenía garantías y su única alternativa era sobrevivir. Tito y Fredy corren a toda velocidad hacia el otro extremo del largo corredor, viendo por la esquina de sus ojos como rápidamente pasan las columnas que sostenían el portal.

"Deténganse patojos hijos de puta"!

Dice una voz que viajaba a través del portal a la misma velocidad que ellos corrían y que pareciera estar allí mismo detrás de sus hombros.
Llegando al final del corredor Tito continuaba corriendo detrás de Freddy, quien la respiración le faltaba y que parecía hacerlo correr cada vez más y más despacio, tomando ventaja de la pobre iluminación de las calles, se meten a unos callejones adyacentes al portal, de pronto tres de los policías les cierran el paso, uno sigue a Tito que se ve obligado a correr en dirección diferente hacia dónde se dirige Fredy, que en medio de su fatiga, no se percata que ha corrido hacia un callejón sin salida. Fredy con desesperación busca por donde escabullirse, pero sus opciones son mínimas su única alternativa será la que si fuera su decisión no la tomaría, una confrontación con la también corrupta autoridad.

CAPITULO 5

Dos de los tres policías lo acechan, Fredy sabe que tendrá que pelear por su vida pues se da cuenta que los policías todavía están vestidos con trajes antimotines, lo cual quería decir que llegaban en asignación especial y con malas intenciones.

Aprovechando su ventaja numérica los policías tratan de acorralar a Fredy, ya acostumbrado a estas confrontaciones en las peleas callejeras, Fredy inicia el altercado atacando a uno de los policías con una patada a la rodilla, tratando de desestabilizar lo, para enfrentar al otro ya en igualdad numérica, sin embargo, el otro policía al mismo tiempo lo ataca con su macana. Fredy saca su cuchillo encajado en la funda que tenía escondida en su pantalón, forcejea y apuñala al policía que inmediatamente, caía al suelo.

Fredy continuaba forcejeando con el policía que había derribado de una patada, el cual se daba cuenta que Fredy estaba teniendo éxito en el altercado. Fredy sabía que estaba luchando por su vida, el policía saca su revolver y dispara, hiriéndolo en el hombro, lo cual lo hace caer de inmediato al suelo, donde Fredy queda inmóvil, de pronto otros policías llegan al lugar de la pelea, uno de ellos era el comandante Salazar.

----Que pasó no se lo pudieron quebrar par de pendejos?
Dice el comandante, el otro policía agarrándose la rodilla que Fredy le había dañado, dice....

----¡Acuchilló a Martines, pero le di un balazo!
ya el policía Martínez sangraba letalmente,
De pronto aparecen otros dos policías diciendo:
¡Agarramos a otro mi comandante!
Y cuando Fredy oye eso trata de levantarse para poder ver quien era el desafortunado que moriría con él esa noche.
El comandante al darse cuenta de que Fredy trataba de levantarse le proporciona tremenda patada en las costillas, al caer nuevamente al suelo, Fredy a pesar de su dolor sin saber porque se alegra que el otro prisionero que traían los otros policías no era Tito.
Era nada más y nada menos que "El Mañas".
¡Miren nada más quien llego!
Dice sarcásticamente el comandante.

----¡Es mi amigo el Mañas! Con las manos esposadas El Mañas ve como Fredy se revuelve en el piso.
----¡Te das cuenta de que eres un bueno para nada!

Le grita el comandante al Mañas, mientras tanto Fredy tan solo escuchaba lo que el comandante le decía al que él creía era uno de sus compañeros en la pandilla.
Manteniendo la mirada fija hacia la entrada del callejón Fredy ve como se miraba una silueta que se asomaba para ver todo lo que acontecía.
¿No te dije que eliminaras a este cabrón?

Le dice el comandante al Mañas. El temiendo por su vida, le explica al comandante que él, planeaba hacerlo esta noche pero que se habían encontrado a un muchacho, que les había estorbado y que tenían que deshacerse del primero, pero Fredy se los impidió y les ordenó que no lo mataran; y para que no sospechara ellos no lo hicieron.

Fredy en medio de su dolor, tan solo escuchaba cual iba a ser su destino esa noche y pensaba que, en realidad, había sido Tito el que le había salvado la vida a él.
Con una reacción violenta el comandante, toma al Mañas por el cuello de la camisa y le dice:
----¡Ya perdió la vida uno de mis muchachos y todo porque no has hecho lo que te ordené!

----¡Este desgraciado!
Dice dirigiendo la mirada hacia donde estaba Fredy.
Se ha estado interponiendo en mis negocios y yo, no voy a perder el contacto con Rodríguez por este maldito, así es que o terminas el trabajito o mañana tú y el aparecerán en el periódico como...

"OTROS DOS PANDILLEROS MUERTOS POR LA POLICIA CAPITALINA EN ENFRENTAMIENTO".
Dice con una voz sarcástica el corrupto comandante.
----¡Quítale las esposas!
Ordena el comandante a uno de los policías.
----¡Este tiene que terminar lo que nosotros ya casi hicimos!!
Mientras tanto cuando la silueta vigilaba desde la entrada del callejón, se escucha en el radio transmisor un llamado, era el resto

de los policías que pedían ayuda pues los otros pandilleros, decía la voz en el radio estaban disparando les, porque ellos, ya estaban en posesión de lo que andaban buscando. Fredy, tan sólo escuchaba y miraba al Mañas pues pensaba como su camarada se había confabulado con el comandante y había planeado ejecutarlo, con tal de salvar su propio pellejo.
----¡Vos!
Dice el comandante...
----¡Tira le el cuchillo, te quedas en la entrada del callejón viendo que este termine el trabajito y si no lo hace, te los quiebras a los dos! ----¡Mientras tanto nosotros vamos a ir a ver qué pasa con los otros pendejos!
----¡Si mi comandante!
Dice el obediente policía, a quien se le veía claramente nervioso.
Aun sin poderse levantar Fredy le pregunta al Mañas, ¿qué porque lo había traicionado?
A pesar de que él lo había ayudado en muchas ocasiones.
El Mañas tan solo miraba a Fredy tratar de levantarse, mientras él recogía el cuchillo diciendo...
----¡El Comandante me ofreció que si te eliminaba pues! que yo iba a!
Y antes de que el Mañas terminara de decirle, Fredy con dificultad en el habla le dice...

----¡No seas Mula! Tú crees que el comandante va a cumplirte, no te das cuenta de que tan solo te está utilizando para eliminarme, y ahora que ya tienen el pago del ultimo cargamento en su poder ya no te va a necesitar y como el mismo lo dijo, si yo ya no estoy en su camino, ¿el ya no va a perder el contacto que representa Rodríguez?

Apretando el puño que sostenía el letal cuchillo, El Mañas se acerca lentamente a Fredy diciendo...
----¡Tú sabes cómo son las cosas aquí en la calle Fredy!
----¡Y pues...de esta, solo uno de nosotros puede salir vivo!
Ya a una distancia amenazadora El Mañas se acerca a Fredy con tan solo una intención.
Fredy sabía que era el final, su impotencia para moverse lo frustraba pues, aunque fuese su última pelea, quería morir peleando. Cuando el Mañas se disponía a terminar su misión, escucha una voz que le habla desde la entrada del callejón.

----¡No lo hagas Mañas!
Fredy, arrodillado y sin fuerzas, tomándose el costado derecho que tenía completamente paralizado, respirando rápidamente y con dolor ve hacia el final del callejón tratando de descifrar de quien era la voz, que, aunque tan solo por unos segundos detenía su ejecución.

La silueta a la entrada del callejón se veía con las manos empuñadas como preparándose para una batalla campal. El Mañas veía hacia la silueta tratando de distinguir de quien se trataba, sabía que no era ninguno de sus compinches ni mucho menos ninguno de los policías.

Este individuo únicamente estaba armado con sus dos puños y caminaba lentamente hacia donde ellos estaban.

Finalmente, la cara de la silueta dejaba el anonimato, debido al reflejo de un intermitente rótulo en la azotea de uno de los edificios adyacentes. Fredy veía y no lo podía creer, que el que interrumpía su ejecución era Tito.

----¡Y tu hijo de puta que haces aquí?
Le dice el Mañas.

----¡Tito ándate a la mierda! Con dificultad exclama Fredy. ----¡Esta vez no te vas a escapar pendejo!
Decía el Mañas que concentra su atención en Tito apuntando lo con el cuchillo.

¡Tito! ¡¡Correé!!
Decía Fredy que con dificultad trataba de pararse, para poder evitar que el Mañas atacara a Tito.

El Mañas comenzaba a acercarse a Tito para hacer uso del filoso cuchillo en su mano derecha, agitándolo en forma como dibujando una X, tratando de herir a Tito por lo menos con la punta de su arma.

El Mañas ve que Fredy ha podido incorporarse, dando un giro trata de apuñalarlo, pero Tito logra detener el movimiento, agarrando el brazo del Mañas y en la inercia del altercado los tres caen al suelo casi uno encima del otro.

El Mañas siendo más grande que Tito y más experimentado en la pelea logra empujarlo con las piernas, sin embargo, el Mañas ha perdido el cuchillo en el forcejeo, Tito cae de espaldas encima del policía que Fredy había matado momentos antes. El Mañas se le tira a Tito y le empieza a pegar puñetazos, Tito trata de defenderse, pero la fuerza del Mañas es superior. De pronto con sus piernas Fredy logra derribar al Mañas quitándolo de encima de Tito.

El Mañas enfurecido se levanta y busca el cuchillo, lo agarra y se lanza contra Fredy, que luchaba contra su propia saliva ensangrentada para poder respirar en medio de la nube de polvo que generaba la batalla por la vida.

Cuando El Mañas dominaba al indefenso Fredy, disponiéndose a incrustar el filoso cuchillo, ese movimiento en el ataque se veía interrumpido por un destello de luz y un estruendo respectivamente, proveniente de un disparo de pistola que por unos momentos disipaba la nube de polvo que los rodeaba.

La pistola cae al suelo de forma inmediata, posteriormente al cuerpo del Mañas, que queda tirado con un impacto de bala en la parte trasera de su cabeza.

Con la respiración agitada y el corazón latiéndole a mil por hora, Tito ve la pistola que había caído de su mano y ve el cuerpo inerte del Mañas, tratando de entender los acontecimientos sin poder llegar a ninguna conclusión más que la cruda realidad de que había matado a una persona.

A pesar de toda su confusión Tito sabe que es cuestión de minutos, para que la policía regrese, después de haber escuchado el disparo en el eco que producía el callejón. Viendo la pistola nuevamente que segundos antes había caído de sus manos, se acerca a Fredy para ayudarlo a pararse, sabe que tienen que salir de allí cuanto antes.

Tito toma a Fredy por el brazo y lo pone alrededor de su cuello y con dificultad caminan hacia la entrada del callejón, al dar la vuelta a la esquina ven al policía que cuidaba la entrada, recuperándose de tremendo golpe que Tito le había proporcionado.

Tito lo ve y luego ve a Fredy, quien le dice que se tienen que deshacer de Él, poniendo la pistola del policía en la mano de Tito. Sin embargo, el al ver nuevamente aquel hombre indefenso, con una mueca en negación de su cabeza le indica a Fredy que no.

Con una mirada aterrorizada, el policía sonríe en agradecimiento agarrando se la cabeza. Tito tan solo le saca las balas al revolver y la tira lo más lejos que puede.

Fredy respirando con dificultad, ve a Tito con orgullo delineando una sonrisa en su ensangrentada boca.

Con el anonimato de las obscuras calles, se alejan del callejón donde sus vidas estuvieron a punto de terminar.

Mientras tanto en casa de Tito, una madre ve con ansiedad, el reloj colgado en la pared del comedor y ve cuanto tiempo ha pasado desde que vio a su hijo salir de la casa. Y con un mal presentimiento en el pecho ve nuevamente la hora y piensa que en un DIA regular de clases, nunca Tito había llegado tan tarde y su instinto de madre le dice que algo está mal.

Después de un arduo DIA de trabajo, Don Carlos llega con la única intención de ir a disfrutar de su acostumbrada Sena y su tradicional rutina de ver el periódico por unos instantes antes de que el cansancio lo venza en el sofá.

Saluda a su esposa, como todos los días, pero por el cansancio que tiene no se percata de la preocupación que tiene Doña Teresa. Sin poder aguantar más después de servirle la cena ella le dice:
----¡Carlos estoy preocupada. ¡Tito no ha llegado! ----¿No?
Responde Don Carlos saboreando el primer bocado de su cena.
----¿A dónde lo mandaste que no ha regresado! ----¡Nono!
Dice Dona Teresa...
----¡No ha llegado desde que se fue esta mañana! ----¡Pero si yo le dije...! De pronto Don Carlos interrumpe lo que empezaba a decir cuando un pensamiento picaresco atraviesa por su cabeza. Pues deducía más o menos donde podría estar Tito, después de todo había salido muy bien acompañado en la tarde de la oficina.
----¿Qué pasa, acaso tú sabes donde esta Tito?
Dice la preocupada mujer.
----¡Si-sí, bueno casi creo saber dónde pueda estar, no te preocupes ya verás que llega en cualquier momento!
Y así Don Carlos comienza a contarle a su esposa, lo que había pasado esa tarde en la oficina.

CAPITULO 6

Mientras tanto Tito y Freddy se habían podido alejar del callejón, más Freddy no podía caminar. En la penumbra de la noche se veía a los dos muchachos con dificultad avanzar, pues era muy difícil para Tito poder soportar todo el peso de Freddy quien con dificultad se sostenía abrazando a Tito como si fueran dos amigos que borrachos salían de la cantina.

Recostados contra una muralla toman un descanso, el cuerpo de Freddy sin fuerzas se desploma lentamente rozando la muralla, Tito trata de amortiguar la caída soportando el peso con sus piernas en un movimiento como haciendo sentadillas. Tito también ya sin fuerzas ve hacia atrás, con temor a que la policía los viniera persiguiendo. Con dificultad, pero como puede jala a Freddy hacia adentro del marco de una puerta, para poder esconderse, En el proceso Tito se da cuenta lo mucho que Freddy sangraba y piensa que es necesario que él sea atendido.

Freddy con debilidad, pero con el brazo que todavía puede mover, se mete la mano al bolsillo de su camisa y saca un rollo de billetes que en su mayoría eran de gran denominación y con una voz agotada le dice a Tito:

----¡Yo creo que ya hiciste mucho por mí! Y poniendo los billetes en la mano de Tito, le dice que es mejor que lo deje allí y que se valla para su casa. Tito asombrado por lo que él decía y por todo el dinero que él ponía en su mano, ve como Freddy comenzaba a perder el conocimiento.

De pronto Tito ve que al final de la calle, se veía un carro dar la vuelta en la esquina, con nerviosismo El trata de esconder a Freddy entre el espacio de la puerta y la pared.

Tan solo mostrando el perfil en la orilla del marco de la puerta ve como el carro que parecía traer una luz en el techo se acercaba cada vez más. Tito teme por su vida pues cree que es el carro de la policía que finalmente los había encontrado. Al acercarse más el vehículo, se percata que la luz que mostraba en el techo tan solo iluminaba el rótulo de TÁXI gastado por el tiempo pero que, desde la distancia, con su nerviosismo pareciera ser las luces de una patrulla. Tito se levanta rápidamente para tratar de detener el carro.

El carro se detiene, aunque con reserva el taxista ve a Tito y a Freddy que estaba tirado en la puerta. Tito le dice al conductor que por favor los lleve a un hospital.
----¡Mi amigo este herido!
Dice Tito con desesperación. Aun con disyuntiva y desconfianza el taxista no está seguro si llevarlos o acelerar y salir de esa situación lo más rápido posible.
Tito al ver que el taxista estaba por seguir su camino, aprieta el puño lleno de billetes y se lo enseña diciéndole que le iba a pagar muy bien. El taxista de pronto se ve comprometido a arriesgarse, después de toda la noche hasta ese momento había estado floja.
----¡Apúrate!
Dice el taxista y Tito como puede arrastra a Freddy y lo mete al carro. Cuando ya estaban metidos en el taxi el señor se disponía a dar marcha, de pronto el motor se apaga.
Tito no podía creer lo que estaba pasando y nerviosa pregunta:
----¿Qué pasa, porque se apagó?
Dice con desesperación viendo hacia el final de la calle enfrente de ellos y volteando hacia atrás en dirección de la otra esquina.
Tito vuelve a preguntar:
----¿Qué pasa? ----¡Vamos arránquelo, señor que mi amigo se muere!
Viendo al agitado conductor que le daba vuelta a la llave en el timón, tratando de hacer la máquina dar marcha, con un persistente movimiento de su pie sobre el pedal de la gasolina. Tito veía como el, le hablaba a su carcacha un Volkswagen escarabajo del año 65, como si fuera su compañera de muchos años.
----¡Ya, ya! vamos! ----¡Bartola tú puedes... no me puedes hacer esto ahora!
----¡Creo que otra vez se le calentó la bobina!
Dice el frustrado taxista, que no podía arrancar a "La Bartola". Dentro de su desesperación, Tito llega a un momento de claridad y le dice al chofer:
----¿Dice que se le calentó la bobina? ----¡Si hombre!
Dice el afligido hombre que se rasca la cabeza con desesperación.
----¡Yo sé cómo arrancarlo!
Dice Tito abriendo sus ojos como si la mejor de las ideas hubiesen relampagueado en su cerebro.
----¡Tiene un trapo o una toalla, voy a necesitar agua... ¿Tiene agua?
----¿Yo siempre ando cargando agua, pero......?

Y confundido el taxista ve a Tito pues esto parecía como en las películas cuando una mujer va a dar a luz, siempre se necesita agua y muchas toallas.
----¡Vamos!
Dice Tito, bajándose rápidamente del carro y yendo hacia la parte de atrás del carro para abrir el motor donde se encuentra en este tipo de automóviles.
En seguida llega el taxista con el agua y la toalla que había sacado atrás del sillón de pasajeros.
----¡Que vas a hacer?
Pregunta aun con desconfianza rascándose la cabeza. Tito procede a echar el agua sobre la toalla mojando la completamente, colocando la sobre la bobina que se había sobre calentado. Después de haber esperado unos minutos le dice al taxista que lo arranque.
Ya refrescada Bartola de su bobina hecha su máquina a andar.
----¡Que buen truco patojo!
Dice el sorprendido taxista que esa noche había aprendido algo de un muchacho tan joven.
----¿Dónde aprendiste eso? Pregunta el Taxista, suspirando con orgullo Tito tan solo le dice:
----¡Del mejor profesor...Mi Papá!
De pronto, Tito sierra con apuro la puerta del motor que aceleraba sus revoluciones, corriendo a meterse al carro, le dice al taxista:
----¡Vamos señor allí viene la Tira (la policía)! ----¡No te preocupes patojo hoy, no pienso darles MORDIDA a estos hijos de puta...!
Y así dan vuelta en la esquina, eludiendo a la policía que se veía venir al final de la calle.

Freddy volvía en sí, en el mismo momento en que lo introducían en la camilla al interior del hospital.
----¡Tito!
Exclama Freddy, buscando su cara en las personas que lo rodeaban empujando la camilla.
----¡Aquí estoy, ya llegamos al hospital!
Dice Tito tomando la mano de Freddy que parecía confundido y con mucho dolor. Tito esperaba ansioso en la sala de espera, para saber cómo estaba Freddy pues no lo habían dejado entrar con él.
Las puertas de la calle se habrían automáticamente, y allí llegaba alguien a quien Tito conocía de toda su vida.

Era Doña Hortensia, la Enfermera que vive en el mismo vecindario que él. Una señora muy buena que le ponía inyecciones a la gente sin cobrarles un solo centavo, pues por lo regular eran personas de bajos recursos quienes no tenían acceso a la visita a un consultorio médico.

----¡Tito! ----. ¿Qué haces aquí?
Exclama la bondadosa mujer.
----¿Le paso algo a alguien en tu familia?
----¡Nono!
Dice Tito, con nerviosismo.

----¡Es...! un amigo!
Inmediatamente Tito baja la mirada con vergüenza pues no sabe cómo explicar los acontecimientos de esa noche. Sin saber que decir se queda en silencio cabizbajo.

¿Quieres que te averigüe como esta tu amigo? Dice la enfermera que parecía entender el silencio de Tito. Si por favor dice Tito, quien queda viendo como Doña Hortensia desaparece en el abrir y cerrar de las puertas del quirófano.

Tito, aun aturdido por todo lo que había vivido esa noche, se da cuenta de la hora en el reloj de la sala de esperas.

Tomándose la cabeza con las manos viendo hacia el piso, piensa y piensa lo que había hecho. Tratando de encontrar una explicación a todos los acontecimientos, pues después de todo tendría que dar muchas explicaciones en su casa. También se lamenta por la preocupación que estará sintiendo su Mamá, pues no había llegado a casa desde que la escuela terminó y sabía cómo se preocupaba Ella.

Después de unos minutos, Doña Hortensia finalmente sale de la sala de operaciones. Tito con ansiedad se levanta y camina hacia ella, para saber cuál era la condición de Freddy a quien ya le había pagado con creces el que Freddy, interviniera para que sus secuaces no lo mataran en el Portal. Sin embargo, él quería saber cuál había sido la suerte de Freddy.

----¿Como esta Freddy Doña Hortensia? ----¡Bueno, tan solo han podido detener el sangra miento...Pero todavía están tratando de sacarle la bala del hombro!

Y nuevamente Tito elude la mirada directa de Doña Hortensia, que le pregunta...

----¿Tito, tus papás saben que estas aquí?

Tito lentamente sube la mirada con preocupación en sus ojos, negando con un movimiento leve de su cabeza, a la pregunta de Doña hortensia.

----¡Creo que sería mejor que te fueras a tu casa! ----¡No hay nada que puedas hacer por tu amigo!

Con un suspiro de incertidumbre piensa por un momento en esa palabra que la enfermera había dicho. "AMIGO".

Pues sabía que esa noche, había establecido una amistad con un muchacho quien era partícipe en el mundo del crimen y que había ayudado sin saber porque, forzándolo a estar involucrado en una situación, que quizás era hasta ese momento, la más difícil en su vida.

----¡No sé en que andas Tito, pero si se lo preocupada que debe estar tu Mamá!

----¡Vete para tu casa, yo cuando pueda vengo a darle una vistita a tu amigo!

Viendo hacia las puertas del quirófano, Tito le agrádese a Doña Hortensia marchando se del hospital.

Mientras tanto, en el otro lado de la ciudad, hay alguien quien maldice la escena que esta frente a él.

Supuestamente el que le iba a terminar el trabajito, muerto con un tiro en la cabeza, uno de sus policías muerto también allí mismo, el otro mal herido de la rodilla y uno con un chinchón en la cabeza, que obtuvo a la entrada del callejón.

El comandante no disimulaba su enojo y frustración, diciendo:

----¡Éste le desbarató la rodilla a uno y se quebró dos aquí, me lleva la gran puta! ----¡Me voy a tener que encargar de esto yo mismo!

Y tomando al policía por el cuello de la camisa quien todavía estaba dolorido por el golpe en la cabeza, le dice.

----¿Y tú?

¡No te dije que te los quebraras si el Mañas no terminaba el trabajito?

----¡Si mi comandante, pepe...pero! alguien me pegó en la cabeza por detrás!

Dice el policía con una voz que carecía de oxígeno debido que en su ira el comandante, le impedía el paso de este con la fuerza con la que empuñaba el uniforme del policía.

Al oír esto el comandante con la respiración agitada y con los ojos llenos de ira viendo fijamente la cara del asustado policía, lo suelta lentamente mientras trata de entender lo que su subordinado le informaba, quien al caer al suelo se agarraba la garganta, tratando de obtener un poco más de aire en sus pulmones.

Viendo en dirección hacia el cuerpo inerte del Mañas, El Comandante llama a los otros policías y les dice:

----¡Ese hijo de su puta madre no se me va a escapar! ----¡No se preocupe mi comandante, ese cabrón tiene un balazo en el hombro, de plano ya se desangró en algunos de los otros callejones hombre!

Dice uno de los otros policías que de alguna manera quería quedar bien con su superior que no estaba nada contento.

----¡No seas estúpido, no oíste lo que este pendejo dijo? ----¡Alguien le pegó a este en la cabeza, eso quiere decir que el Freddy no mato al Mañas, alguien más lo hizo!

Continúa diciendo el comandante.

----¡Ah, sí pues... ¡O sea que quiere decir que alguien lo ayudó!

Responde el despistado policía, redundando lo que era obvio.

El comandante lo ve y rodando los ojos hacia arriba, con ira empuja al policía para quitárselo del camino.

Ya en su oficina en el cuartel de la policía, El Comandante saca una botella de Ron, tomando un trago directamente de la botella, les dice a sus hombres.

----¡Quiero que hagan otra ronda por el Portal y los alrededores, para ver si calló muerto en alguna parte, pero tenemos que encontrar a ese desgraciado y a quien sea que lo ayudó a escaparse!

Ya finalmente Tito, llega a su casa. Busca en la bolsa de su pantalón las llaves para abrir la puerta, viendo para todos lados con precaución, sigilosamente introduce la llave.

Desde el otro lado de la calle, una silueta detrás del poste de luz lo vigila, mientras abre la puerta, la silueta cruza la calle tratando de mantener el anonimato con pasos rápidos pero sigilosos.

Tito entra cuidadosamente sin hacer ruido y cuando se dispone a cerrar la puerta, un pie se interpone para que no lo pueda hacer.

Cuando Tito se percata de esto, trata de cerrar la puerta con mayor fuerza, de pronto se oye al unísono el nombre de Tito siendo exclamado por sus papás, también de una voz femenina que venía del otro lado de la puerta.

Al mismo tiempo se encienden las luces, Tito no sabía que era más sorprendente, si el darse cuenta de que estaba siendo descubierto por sus papás, o el asombro de ver la figura que luchaba tratando de empujar la puerta, para evitar que le aplastaran su bello y delicado pie.

Y así, la bella Yuli, con semblante de dolor asoma su cabeza por en medio de la puerta.
----¡Tito!
Exclama la Mamá.
----¡Papá!
Exclama Tito.
----¿Señorita Yuli?
Exclama el Papá de Tito.
Tito no podía dejar de ver la cara de los tres casi al mismo tiempo.
----¿Tito que horas son estas de llegar?
Dice Doña Teresa viendo detenidamente a Tito.
----¿Que te paso en la cara?
Dice don Carlos, refiriéndose a los raspones en la cara que Tito mostraba.
Tito aun confundido por los acontecimientos y sin poder explicarse la presencia de Yuli, se queda callado por unos segundos volteando la espalda hacia ellos, con un respiro profundo se da la vuelta y cuando se dispone a responder, la oportuna Yuli se le adelanta y dice...
----¡Lo que pasa Don Carlos es que...después que nos fuimos a comer, invite a Tito al cine...Entonces (continúa diciendo Yuli) cuando salimos, ¡el ofreció acompañarme a mi casa! ¡De pronto! ¡Un grupo de tipos nos querían asaltar y Tito me defendió!
Igualmente, entretenidos los tres, con atención escuchaban la historia que la fantástica Yuli les estaba contando. Sin embargo, Tito veía que su Mamá lo miraba, bajando la mirada para evitar la de ella, sabe que su madre no estaba creyendo ni jota de lo que Yuli estaba diciendo.

Sin saber porque pensaba que, aunque descabellada como era la historia de Yuli, tendría que afirmar todo lo que ella dijera pues sería devastador para sus papás, saber que esa noche, su querido hijito había matado a una persona.
Aun sin entender la actitud de Yuli, Tito abraza a su Mamá y le dice que no se preocupe, que él está bien. Con lágrimas en los ojos Doña Teresa, también lo abraza, pero su instinto de Madre le dice que él, está mintiendo.
Doña Teresa queda pensativa por unos momentos, de pronto siente el grito que viene del estómago de Tito pidiendo compasión pues ya para esa hora necesitaba comida urgentemente.
----¿Tienes hambre mijito? Pregunta la preocupada mujer.

----¡Pero claro, no oíste como le truenan las tripas, también a los héroes salvadores les da hambre!
Dice Don Carlos sonriendo, tratando de hacer chiste para romper la tensión.
----¡Voy a prepararles algo! Dice Doña Teresa, a quien no párese hacerle gracia el chiste.
----¡Eso me suena a muy buena idea, porque todo esto ya me dio hambre a mí también!
Y moviendo la cabeza en negación se retira doña Teresa, tan solo viendo a Yuli, mientras Don Carlos va a ayudarla a la cocina.
Tito ve a Yuli y acercándose a ella le dice en voz baja:
----¡Definitivamente usted está Loca!
----¡Y yo aún mas que le sigo la corriente!
----¿Porque dijo todo eso, y porque está aquí a esta hora?
----¡Lo que pasa es que me quedé preocupada después de que te fuiste yo no quise ofenderte! ¡Tan solo quería advertirte acerca de!
Y antes de poder terminar de decir la frase Tito la interrumpe diciendo...
----¿De Rodríguez? ----¿A caso ya sabes a que se dedica Rodríguez?
Dice Yuli haciendo una pausa. Tito tan solo baja la mirada y Yuli le pregunta... ----¿Fue Rodríguez quien te golpeo?
Tito sin responder sabía que de una u otra forma Rodríguez era parte de esta ecuación. Después de haber comido, la mirada sospechosa de Doña Teresa no dejaba de examinar a Yuli a quien no le había creído nadita de lo que la linda muchacha había dicho así lo hubiese dicho con la mano derecha sobre la mismísima Biblia.
----¿Y usted señorita, no cree que ya es muy tarde para que ande sola por la calle? Dice Doña Teresa, que hace con su comentario que Yuli baje la mirada con vergüenza. Sin saber que decir Yuli ve a Tito, quien dice.
----¡Ella se va a quedar aquí a dormir porque ya es muy tarde y ya no hay transporte para que se vaya a su casa!
----¿Pero...?
Empieza a decir la Mamá de Tito, cuando Don Carlos la interrumpe diciendo.
----¡Yo creo que eso será lo mejor!
----¡Pues sí, no le vaya a pasar algo malo!
Dice la no muy convencida mujer con ironía en su comentario. Yuli se daba cuenta que para la señora de la casa su presencia no

era muy agradable. Pues ella (doña Teresa) sabía que Yuli era parte de este gran misterio del que Tito no había querido hablar.
----¡Bueno señorita usted dormirá en el cuarto conmigo y tu Carlos te quedas en el sofá!
Con cara de asombro Don Carlos veía como lo despojaban de su cama.
----¡Yo me quedo en el sofá tu ve duérmete en mi cama!
Le dice Tito a su Papá, quien lo mira con agradecimiento después de todo su dolorida espalda no sería castigada durmiendo en el sofá.
Tito prefiere quedarse en la sala pues él sabía que no podría dormir por el resto de la noche, que ya entonces eran las primeras horas de la madrugada.
Mientras tanto en el hospital, Freddy recuperaba el conocimiento.

Al abrir de sus ojos se veía una figura vestida de blanco la confusión que le producía el despertar del estado de inconsciencia no podía descifrar si la figura era un ángel que lo esperaba en el cielo. Sin embargo, poco a poco se daba cuenta que el ángel que veía no era celestial sino terrestre, era Doña Hortensia, la abnegada enfermera que lo había estado llegando a chequear toda la noche.
Freddy intentaba moverse, más el dolor era muy intenso.
----¡No se mueva joven!
Le decía la enfermera, sin embargo, a medida que él se despertaba su ansiedad aumentaba y con voz titubeante decía...
----¡Tengo que salir de aquí!
¡No se mueva!
Le decía la enfermera, era tal su debilidad que, aunque quería levantarse no podía.
----¡Tengo que salir de aquí!
Repetía Freddy con una debilitada voz al perder nuevamente el conocimiento.
El estruendo de un disparo se escucha, Tito corre, de pronto se obscurece todo delante de él, su respiración se agita intensamente, su corazón palpita a mil por hora, corre y corre, pero pareciera que no puede llegar al final del corredor.
----¡Pensaron que se me Iván a escapar Cabrones!
Dice una voz en el eco del largo portal, Tito siente una mano que lo trata de detener, el forcejea y forcejea para poder liberarse y en el proceso tan solo escucha.
----¿Tito, Tito...?

De pronto ve la cara de Yuli, y se da cuenta que ella es la que está tratando de obtener su atención pues trata de despertarlo pues El pareciera estar teniendo una pesadilla. La expresión de su cara se ve empapada de sudor y con la respiración agitada él se sienta en la orilla del sofá.
----¡Toma, toma!
Dice Yuli quien trata de hacerlo beber un poco de agua. después de calmarse, Tito se levanta y va al baño a lavarse la cara.
Yuli lo sigue y se da cuenta como él se veía en el espejo, profundamente a los ojos, el agua fresca goteaba de su cara y con desesperación volvía a lavarse la.
----¿Que pasa Tito? ----¿Que estabas soñando?
Pregunta Yuli, Tito la ve y le dice aun con la respiración agitada:
----¿Usted que hace levantada? ----¡Ya es hora de que me valla a mi casa!
Dice Yuli. ----¡Yo también me tengo que ir!
Dice Tito que se moja el pelo y trata de acomodárselo con las manos como tratando de peinarlo hacia atrás.
----¿A dónde tienes que ir?
Pregunta Yuli con disyuntiva en su mirada. ----¡Escuche señorita Yuli es mejor que se olvide de mí, y si ya es tiempo que se valla para su casa! ----¡No te voy a dejar en paz hasta que me digas lo que está pasando! ----¿Todo esto tiene que ver con Rodríguez verdad?

Dice Yuli, quien sospechaba algo al ver la reacción de Tito, que tan solo baja la cabeza y acomodándose la camisa entre el pantalón. Abre la puerta de la casa y sale a la calle. Yuli no está dispuesta a darse por vencida, lo sigue caminando junto al hacia la calzada, Tito aprieta el paso y ella también pues tiene que saber todo lo que ocurre.
----¿Rodríguez, que sabe usted de la señorita?
Pregunta Tito, que respira agitado tratando de apurarse.
----¡No mucho, pero si sé que no anda en nada bueno, por algún motivo tengo la corazonada que lo que te paso anoche, tiene que ver con el!
Tito hace una pausa repentina en esta caminata que ambos tenían como si fuera una competencia olímpica. La toma de los hombros en una forma violenta.
Viendo la profundamente a los ojos le dice:
----¡Escuche me muy bien señorita...!

Mas la intensidad de sus miradas parecía mermar la ira del momento y el al perderse en la profundidad del negro de aquellos bellos ojos, lo transportaba a un lugar de suma tranquilidad. Después de unos segundos de miradas intensas, Tito la suelta y le dice.

----¡Disculpe señorita, no fue mi intención!
Yuli también queda inmóvil al ver la mirada de un muchacho que lo que fuera lo que le había pasado la noche anterior, lo había hecho cambiar de tal forma que ya no era el muchacho inocente e indefenso que ella estaba tratando de proteger.
----¡No te preocupes, yo tan solo estoy tratando de......!
Y antes de que ella pudiera terminar la frase, él le dice:
----¿Protegerme? ----¡Ni usted ni nadie me puede proteger, después de lo que hice anoche!

Termina Tito diciendo la frase entre dientes.
Los ojos de Yuli se abrieron en asombro al escuchar lo que Tito le estaba diciendo. En la toma de los antebrazos en una forma más suave y le dice:

----¡Mire Yuli, es mejor que se valla para su casa y se olvide de mí, no es bueno que me ande siguiendo! ----¡Si tienes algún problema yo creo que sería mejor que se lo dijeras a tus Papás!

Tito sonríe con gesto de miedo en el delineo de su boca.
----¡Mis Papás...No ellos no se pueden enterar de nada!
Tito sabe que esa clase de preocupaciones, matarían a su Mamá y que su Papá estaría muy decepcionado de él.
----¿Pero Tito?¡yo le puedo hablar a tu Papá!

La ira se hace presente nuevamente en la mirada de Tito diciendo:
----¡Usted se va a quedar callada, usted no debe meterse en esto! ----¿Pero Tito?

----¡Que no! ¿No se da cuenta que ellos no se pueden enterar, que su "Querido Hijito"? ¿Es un "Asesino"?

La mandíbula inferior de Yuli parecía caer al suelo en asombro, al ella escuchar todo esto ante él va y ven de los ojos de Tito, quien la miraba intensamente con el afán de encontrar esa tranquilidad en los ojos de la bella muchacha.

La garganta de Yuli también parecía secarse al escuchar dicha confesión.
----¡Pero Tito! ¿Qué paso anoche?
Preguntaba la desconcertada muchacha que ansiosa esperaba los detalles de lo que había pasado.

Sin embargo, El tan sólo continúa caminando hacia la carretera contándole algunos detalles de lo que aconteció la noche anterior.

CAPITULO 7

Ya enterada Yuli de lo poco que El, le había querido contar le preguntaba qué, que pensaba hacer.
----¡No sé, por eso prefiero que se aleje de mí, yo soy un peligro! ---
-¡No Tito, tú tan solo te defendiste y también a tu amigo! ----¡Tito fue en defensa propia!
Responde Yuli.
----¡Ah sí pues!, seguro! ¡La policía me va a creer esa historia, cuando que hay dos muertos! ----¿Pero Tito? ----¡Escuche me, lo mejor es que se valla para su casa y se olvide de todo esto! ----¿Pero a dónde vas?
----¡No se da cuenta que la policía nos ha de andar buscando y van a ir al hospital a buscar a mi amigo y lo van a matar? ----¡Pero porque tanto interés en salvarlo?
----¡Porque el me salvó a mí! ----¡Pero tú ya lo salvaste y lo llevaste al hospital?
----¡No sé porque, pero siento que tengo que hacerlo!
Yuli ve a Tito con admiración y se da cuenta, que, a pesar del violento episodio de esa noche, donde aquel muchacho había perdido su inocencia, su corazón seguía lleno de nobleza y lealtad.
El sentimiento de protección que había sentido hacia Tito pareciera estar cambiando a Admiración o quizás algo más.
----¿Tito deja me ir contigo por favor?
El, únicamente la miraba profundo a los ojos y sin saber por qué, accedía a su petición.
Así los dos muchachos logran subirse al primer ruletero que pasaba por la carretera.
Después de un rato y un apretado viaje....

Como una máquina de producir cuerpos, se ve como Yuli y Tito salen del congestionado ruletero, donde la bella muchacha lucha contra la apretazón para poder sacar su mochila. Tito que pudo salir primero que Yuli, ve hacia la esquina y comienza a caminar en dirección opuesta, Yuli después de acomodarse la mochila, se da cuenta hacia donde se dirige Tito, apresurando el paso lo alcanza y le dice.
----¡Tito el hospital esta para allá!
Señalando hacia la esquina contraria, Tito continúa caminando en dirección de unos árboles que adornaban la acera. Recostando se

en uno de ellos con la espalda hacia donde estaba el hospital, Tito concentra su mirada en el cemento de la banqueta.
----¡La Policía ya llegó!
Dice Tito.
----¿Pero de que hablas?
Pregunta Yuli, Tito se refería a la patrulla que estaba en la entrada del hospital, la cual vio al momento de bajarse del Ruletero.

En fracción de segundos entre su disyuntiva, Yuli comienza a entender lo que Tito estaba diciendo, pues al voltear a ver hacia el hospital veía desde la distancia, el destello de las luces del carro patrulla, que se encontraba directamente enfrente de la puerta del edificio.

Tito piensa cómo poder saber, cual fue el destino de Fredy.
----¡Tengo que entrar al hospital!
Dice Tito y comienza a caminar hacia la entrada, Yuli caminaba detrás de él y a medida que se acercaban uno de los policías, los veía muy detenidamente, Tito lo ve a los ojos e inmediatamente baja la mirada pues el Policía pareciera examinar cada uno de sus movimientos, de pronto el policía levanta su mano y la coloca en el hombro de Tito, quien queda congelado aun con la mirada hacia el piso.

El Policía dice.
----¡Quítate Patojo, que no ves que me estas impidiendo ver a esta Belleza!
Refiriéndose por supuesto, a Yuli que venía directamente detrás de él. Yuli nerviosamente le sonríe al Policía, que creía estar logrando la conquista del día.

En cuanto el alma le volvía al cuerpo, Tito continúa caminando lentamente como esperando a Yuli, que estaba siendo cortejada por el libidinoso policía. De pronto se escucha una voz en la bocina del radio transmisor del carro patrulla:
----¡Unidad 25, unidad 25!
Repite la voz en la bocina, el policía ve hacia el carro y se da cuenta como su compañero esta con la cabeza hacia atrás y la gorra sobre la cara, aprovechando el momento para darse una siesta.

Mal diciendo, el policía sabe que tendrá que responder esa llamada y ve como se esfuman sus ambiciones sexuales para con Yuli.

Ya en la entrada del hospital Tito se detiene para esperar a Yuli, donde juntos ven como el policía respondía la transmisión de radio casi escupiendo el micrófono.

----¡Tito!
Exclama alguien desde el final del salón, para su grata sorpresa era Doña Hortensia, que lo había visto entrar con Yuli.
----¿Como esta mi amigo?
Pregunta Tito.
----¡Buenos días!
Dice Doña Hortensia, imperando el respectivo saludo.
----¡Perdón... ¡Buenos días, Doña Hortensia!
Responde Tito avergonzado.
----¡Bueno la última vez que lo vi, ya estaba mejor, desafortunadamente no le pudieron sacar la bala todavía! ----¿Si va a poder salir hoy, ¿ahora mismo verdad?
Dice Tito desesperado.
----¡Pero por supuesto que no!
Dice la enfermera con semblante de cansancio en su rostro, después de haber trabajado toda la noche.
----¡El, tiene que salir ahora!
Dice Tito entre dientes.
----¿Podemos verlo? ----¿Pero ahora no son horas...?
Comenzaba a decir la enfermera, pero al ver la cara de ansiedad del muchacho, dice...
----¡Deja ver qué puedo hacer!
Dice la enfermera caminando hacia la recepción.
----¡Tenemos que sacarlo de aquí!
Le dice Tito a Yuli, al momento que Doña Hortensia les hace señas para que la sigan, pues ella había hablado con la enfermera de turno, para que los dejara pasar.
Al entrar por las puertas dobles los muchachos caminan, viendo las caras demacradas y oyendo el lamento de dolor de algunos pacientes recluidos, dándose cuenta de la gran cantidad de personas que son atendidas allí.

Tito ve que en la tercera cama antes de llegar al final de la sala en el lado izquierdo, esta Fredy con la mitad de su cuerpo cubierto de vendajes como si fuera una Momia que se había escapado de su embalsa miento.
Tito toca a Fredy en el pie, el responde al contacto abriendo los ojos y sin mover la cabeza con dolor sonríe, de pronto sus ojos se abren con un intenso asombro, ya que Fredy se daba cuenta quien estaba atrás de Tito.

Con el mismo asombro, Yuli se le queda viendo a él, Tito no entiende de aquel extraño momento. Finalmente, después de unos segundos de intensas miradas, Tito dice...
----¡Fredy, tengo que sacarte de aquí!
Sin embargo, Tito pensaba que sería un problema para sacar a su amigo del hospital, con nada menos y nada más que un balazo en el hombro.
----¿Pero ¿qué pasa?
Pregunta Fredy que continuaba con su mirada fija en Yuli.
----¡La policía está aquí, te andan buscando para matarte!
De pronto las puertas dobles se abren al otro lado de la sala, la enfermera que estaba en la recepción asoma la cabeza y llama a Doña Hortensia, que se había quedado cerca de la entrada atendiendo el pedido de uno de los pacientes, a pesar de haber ya terminado su turno.
Tito presiente que algo no está bien y aunque quiere saber el porqué de la reacción entre Yuli y Fredy, sabe que no pueden perder tiempo.
Mientras tanto en la recepción, ya se encuentran los policías indagando con respecto a alguien que habría llegado durante la noche con un balazo en el hombro. Tito había ido hasta la puerta, abriéndola tan solo un poco por la rendija podía ver a los policías.
----¿Como estas? ----¡Bien!
Responde Yuli, bajando la mirada.
----¡Tito es un gran muchacho!
Dice Fredy.
----¡A si es, no quiero que le hagas daño!
Le responde ella.
----¿Qué, también lo quieres proteger y salvarlo como a mí?
Pregunta irónicamente Fredy, Yuli tan solo lo ve intensamente con lágrimas en los ojos. Tito se acerca a la cama y presencia otro momento intenso entre Yuli y Fredy.
----¡Tenemos que hacer algo, pero rápido, los policías están allá afuera!
Dice Tito con urgencia.
----¡No te preocupes por mí, ustedes son los que tienen que irse de aquí de inmediato!
Dice Fredy con una voz llena de dolor y cansancio.
Los ojos de Yuli se movían en todas direcciones tratando de pensar en algo.
----¡Ya se! ----¡Ustedes salgan mientras yo distraigo a los policías!

Dice Yuli, sin saber porque, pero Tito sabia el plan de ella y corre a traer una camilla vacía que se encontraba al lado de una de las camas.

Ayudando a Fredy a subirse, con dificultad lo acuesta y lo cubre con una sábana, como si fuera el cuerpo inerte de algún paciente que había pasado y, a mejor vida. Yuli sale de la sala y se dirige hacia la recepción, de inmediato el policía que la cortejaba en la entrada del hospital se percata de su presencia. Haciendo uso de sus encantos femeninos, comienza a platicar con los dos desordenados policías, tratando de llamar su atención, pues así no se darían cuenta cuando Tito y Fredy salieran por las puertas dobles.

De pronto efectivamente las puertas se abren y se comenzaba a divisar la camilla que Tito empujaba. Yuli se da cuenta de lo acontecido, intensifica su coquetería con los policías, diciéndoles.

----¡Oficiales, dichosos los ojos por volver a verlos!

Los policías tratan de poner su mejor postura, tratando de ocultar su enorme barriga y arreglándose la corbata, cubierta por las manchas de comida y quien sabe que más.

La enfermera de turno llega y le pide a Doña Hortensia, que la acompañe a mover a un paciente a lo que ella accede caminando hacia la otra Sala. Lo cual les da la oportunidad para que las enfermeras no vieran a Tito, empujar la camilla hacia afuera. Después de sacar a Fredy del hospital, Tito no comprende porque Yuli todavía no llegaba. Ayudando a Fredy a bajarse de la camilla y asistiéndolo para que se pudiera sentar, Tito se da cuenta que él no se siente bien.

Tito sabe que Será complicado transportar a Fredy con la bala aun incrustada en el hombro.

----¡Ya vuelvo voy a ver dónde está Yuli!

Le dice Tito a Fredy, quien tan solo mueve su cabeza en afirmación, tomándose el antebrazo derecho con la mano izquierda.

Tito llega nuevamente a la esquina del hospital, y tratando de no ser descubierto, ve la patrulla que todavía se encuentra parqueada enfrente de la entrada principal.

Mira hacia todos lados, después ve atrás, hacia donde esta Fredy sentado en la banca del jardín en la parte trasera del edificio. Desde allí, puede ver cómo Fredy tiene la cabeza hacia abajo, casi cayendo se y sin dejar de sostenerse el antebrazo, se recuesta

buscando una posición más cómoda, pues sin duda el intenso dolor lo afectaba. Tito ve nuevamente hacia la puerta y no puede ver a Yuli aun, su ansiedad se intensifica pues no entiende porque ella se tarda tanto.
De pronto...
----¡Creí que ya me habías dejado abandonada!
El semblante de alegría en el rostro de Tito es evidente, pues para su sorpresa la voz que le decía eso estaba acompañado, por los ojos negros más bellos que el jamás había visto.

Sin saber porque, pero en una reacción espontánea, los dos se abrazaron como si se hubieran encontrado después de mucho tiempo. Tampoco sin saber porque, después de algunos segundos sintieron la necesidad de separarse el uno del otro como si el acontecimiento les hubiese causado timidez y vergüenza.
----¡Me alegra el que ya esté aquí!
Dice Tito viendo a Yuli a los ojos con una sonrisa en sus labios.
Yuli responde con un suspiro diciendo
----¡A mí también me alegra que me hallas esperado!
Sus miradas se congelan por unos segundos y....
----¿Ah y. Fredy donde esta?
Pregunta Yuli, Tito siente como que si ese extraño pero mágico momento se desvaneciera.
----¿Que tanto le interesa Fredy señorita Yuli...A caso usted lo conoce?
Ella tan solo baja la mirada y cuando le iba a decir... De pronto Tito ve por encima del hombro de Yuli que se encontraba de espaldas hacia la puerta del hospital, y ve como los policías salen del edificio. Tito jala a Yuli para que no la vieran y en el movimiento ella queda pegada a su pecho.
----¡Perdón...Allí están los policías!
Dice Tito abrazándola otra vez.

----¡Esta, bien!
Dice Yuli sonriendo...
Por unos segundos quedan abrazados viendo se a los ojos.
  Yuli acerca su nariz al cuello de Tito y al sentir la fragancia, le dice sin despegar se dé el.
----¡Me gusta el olor de tu loción!...
Sonriendo con timidez Tito dice:
----¡Gracias, pero le robé un poco al frasco de mi Papá!

Yuli también sonríe y con sus dedos acaricia la mejilla de Tito que la veía intensamente.

----¿Tito yo...? ----¡No, no me tiene que explicar nada!
Interrumpiendo lo que ella iba a decir, él pone su dedo índice sobre los labios de Yuli. Volteando hacia la puerta, ve a los policías que ya en la patrulla, ven a todos lados tratando quizás de localizar a Yuli.
----¡Fredy está en la banca del jardín, tenemos que irnos de aquí, valla con el mientras yo consigo un taxi!
Le dice Tito a la bella muchacha al soltarla después de ese intenso abrazo.

Momentos más tarde.
----¡A donde los llevo Patojos!
Dice el taxista, después de que los muchachos se habían podido subir al carro.
Tito ve a Yuli quien le servía de Apoyo a Fredy, quien se había desmayado debido al intenso dolor. Toma unos cuantos segundos en surgir una decisión, pero en seguida Yuli le da una dirección al taxista, quien cuestiona al escuchar la, pues no está seguro si los muchachos van a tener suficiente dinero para pagarle. Tito saca el fajo de billetes de su bolsa y le da uno de a cien y le dice que los lleve lo más rápido posible.

----¿A dónde vamos?
Pregunta Tito.
----¡A la casa de mi tía Carmen!
Dice Yuli con la mirada perdida en la lejanía del horizonte.
----¿Pero ¿qué le vamos a decir?
Pregunta Tito, ella voltea a ver a Tito y con una mirada seria le dice...
----¡Nada... ¡Porque ella hace un mes que se murió! ----Lo siento!
Responde Tito con un semblante respetuoso en su rostro, pero al mirar a Yuli que lo voltea a ver, sin saber porque los dos se carcajean al mismo tiempo. En medio de las carcajadas, Tito le dice...
----¿Es la Tía que no se sentía bien ayer?
Yuli, se pone seria por un momento al escuchar el comentario, rápidamente Tito muestra vergüenza en su semblante, pues piensa que Yuli se había ofendido.

Sin embargo, ella al ver la reacción del muchacho, se ríe incontrolablemente, afirmando con un movimiento de su cabeza, sin poder decir nada por las carcajadas que le causaban aquel momento. Tito tan sólo la ve y ríe disfrutando la risa de la bella muchacha, que parecía cautivarlo cada vez más.

El Taxista, tan solo los ve por el espejo retrovisor y mueve la cabeza en negación, pues no tiene ni idea al sarcasmo en las carcajadas de los muchachos.

Mientras tanto, los policías continúan esperando a Yuli a la entrada del hospital.

----¡Vos, yo creo que la Chavita te jugo La Vuelta de Toro-Toro-mil!

Dice uno de los policías, haciendo burla a su compañero.

----¡Cállate Pisado! ¡A mí no se me va ninguna!

Responde disgustado el policía que ya se había cansado de esperar en la puerta.

CAPITULO 8

Después de un viaje traqueteado en el taxi hasta la casa de la tía de Yuli, los muchachos entran a la casa, donde experimentan un olor a vacío y una sensación de soledad total. La casa todavía estaba amueblada y permanecía tal y como la había dejado Doña Carmen el día que cayó derrotada, por un fulminante ataque. Todo continuaba en su lugar como si el tiempo se hubiese detenido al mismo tiempo que su corazón.

Tito ayuda a Fredy a acomodarse en el sofá, con dificultad Fredy hace el intento, pero sus fuerzas son limitadas, es evidente su incomodidad, la sangre de la herida atraviesa los vendajes en su hombro. Yuli al ver su rostro sabe que necesitará alguna clase de medicamento.

----¡Voy a conseguirte algo para el dolor, mi tía siempre estaba tomando calmantes!

Dice Yuli corriendo con urgencia hacia el botiquín del baño. Tito ve a Yuli aun con una gran disyuntiva en su mente, pues sabe que el interés y preocupación de ella para con Fredy va más allá de su bondad samaritana.

Fredy en medio de su intenso dolor, se da cuenta que Tito está ansioso por saber qué relación hay entre ellos, con una voz titubeante le dice:

----¿Esta linda la Yuli verdad?

Tito con disyuntiva en su mirada, ve a Fredy y con una sonrisa afirma ese comentario.

Mientras Tito acomodaba los cojines del sofá para la comodidad de Fredy, Escucha lo que él decía...

----¡Si tan solo me hubiera quedado más tiempo con ella y no la hubiera dejado por esa...!

Dice Fredy que hace pausas en sus comentarios, debido al intenso dolor en su hombro.

La mirada de Tito se intensifica a los comentarios delirantes de Fredy, que entre medias palabras hablaba de Yuli. Esto sumergía al muchacho aún más en la profundidad de la incógnita.

Yuli regresa del baño, y presencia el semblante de incomodidad de Tito, que esperaba una explicación más detallada, de lo que no acababa de comprender.

Después de todo en las últimas 24 horas, la vida lo había ligado de tal forma a estas dos personas, con quien jamás había convivido.

Determinar quiénes verdaderamente eran, comenzaba a tomar más y más importancia, pues sin saber porque, sentía una afinidad por ambos que no podía explicar.

----¡Tengo que ir a mi casa, mi Mamá ha de estar preocupada porque no fui a la escuela!

Dice Tito, Yuli se ríe y el no comprende donde había quedado flotando el chiste.

----¡Tito, hoy es sábado!

Dice la sonriente muchacha, que ve como el camino hacia la puerta tratando de esconder su vergüenza, por no saber ni que día era. En realidad, todo lo que el pobre muchacho había vivido hasta ese momento, realmente que más daba que día de la semana era.

De pronto:

Tito lleva sus manos a la cabeza, voltea a ver a Yuli y a Fredy, su semblante en cuestión de segundos cambio de vergüenza a un semblante de preocupación y por supuesto también lleno de temor.

Yuli se asombra de tan repentino cambio y la sonrisa que se dibujaba en sus labios cambia a la reacción a la pregunta...

----¿Qué pasa, Tito que pasa?

Tito tan solo miraba en todas direcciones, pensando y como si fuera un León enjaulado, camina hacia la puerta con sus manos entrelazadas alrededor de su cuello.

Fredy trata de reincorporarse en el sofá, porque a pesar del intenso dolor que experimenta, también lo preocupa el silencio de Tito, al no responder a la pregunta de Yuli...

----¿Que te pasa Tito? ----¡Mi mochila... ¡Mi mochila, la deje en el callejón!

----¡Tal vez la dejaste en el hospital?

Dice Yuli que comprende la preocupación, mas no la reacción que Tito estaba teniendo.

----¡Nono!

Dice el, con aun más ansiedad.

----¡La dejé en el callejón!

Recostando se en la pared, al lado de la puerta, se cubre la cara con las manos.

----¡Tenias algo de valor, aparte de tus cuadernos?

Pregunta Yuli.

----¡Su identidad!

Dice Fredy desde el sofá, viendo a Tito que también lo veía con miedo en sus ojos.

----¿No entiendo?
Dice la desconcertada muchacha.

----¡La policía me fue a buscar al hospital, porque saben que estoy herido y aun con un balazo en el hombro pude escapar...También saben que alguien me tuvo que ayudar!
Termina diciendo Fredy, que veía a Tito fijamente.
Finalmente, Yuli comprende que todos los cuadernos en la mochila de Tito tenían su nombre y dirección, también comprendía que sería cuestión de tiempo para que la policía se apareciera en la casa de Tito.
----¡Tengo que ir a mi casa!
Dice el preocupado muchacho.

----¿Pero Tito...No te puedes aparecer allí? ----¡Tengo que decirle a mi Papá todo lo que está pasando!

Fredy trata de pararse, pues él está dispuesto a ir con él, su debilidad no le permite mantenerse en pie y su cuerpo víctima de la gravedad cae, sin embargo, es amortiguado por la rápida reacción de Yuli que con dificultad trata de evitar la caída.
----¡Yo...me voy con vos!
Dice Fredy aun ante su impotencia.
----¡Nono! ¡Tengo que ir solo!
Responde Tito, que se mete la mano a la bolsa y saca el resto del dinero que Fredy le había dado.
----¡Aquí esta tu dinero Fredy!
Dice Tito, con preocupación en su rostro. Fredy lo ve y le dice, rechazando con su mano izquierda la de Tito, que pretendía devolver el dinero.
----¡Ese dinero es tuyo...Cuídate mucho!
Como si hubiese tomado un trago amargo, Tito mueve la cabeza en afirmación.
Yuli toma la mano de Tito y pareciera que el magnetismo de ambos no permitiera que sus dedos se pudieran despegar, su mirada se encontraba y Tito volvía a experimentar esa paz y calma que le producía el negro profundo de aquellos bellos ojos.
Que irónica realidad, nuevamente Tito salía a enfrentar la vida donde las garantías no existían. Viendo el autobús aproximarse, Tito pensaba que hasta hacía unos momentos, no se acordaba ni

que día era, o si sabía la diferencia entre días pasados y este en particular.

Hoy, no tendría necesidad de colarse pues con sigo cargaba suficiente dinero al cual por primera vez en su vida no le veía el valor. Sin darse cuenta se sentó hasta atrás del bus, el cual iba semivacío, pues era sábado por la mañana. Se sienta en un lugar donde el no acostumbraba a menos que se colara por atrás.
El desde muy pequeño le gustaba sentarse en el primer asiento al lado derecho del conductor, así podía ver cada movimiento y sentirse como el Copiloto de la nave, pues el imaginaba, que también lo iba manejando. Desde niño, en sus inocentes sueños quería algún día poder manejarlo de verdad.
Hoy esos simples e inocentes sueños estaban relegados a ser ignorados, en una realidad que había que afrontar.
Tito experimentaba el cambio que él sabía era inevitable, la transición de Niño a Hombre, sin embargo, el también sentía que estaba siendo más rápida de lo que nunca imagino.

CAPITULO 9

----¡Hola Tito!
Dice una voz, más su mirada que atravesaba el cristal de la ventana del autobús, con dirección indeterminada perdiendo se en la lejanía, tan solo percibía el pasar de las siluetas de casas y árboles, que parecieran desaparecer en la periferia de su visión. Una mano perfumada continuaba tratando de atraer su atención.
----¿Tito?
Repite la delicada voz, Tito toma unos segundos, para descender nuevamente a la dimensión donde estaba su cruda realidad. Con asombro, se da cuenta de la presencia de alguien a quien únicamente acostumbraba a ver en sus sueños.
----¿Roxana?
Dice Tito restregando se los ojos con la parte superior de sus manos.
----¿Te pasa algo, o que, estabas soñando despierto?
Dice Roxana, Tito únicamente suspira y sonríe. Con una mirada llena de interrogación, Roxana pregunta:
----¿Tito que haces en este bus?
La expresión de su cara pareciera querer contestar la pregunta, pero su garganta no podía articular las palabras como si su cerebro, se congelaba para procesar una respuesta. Ella sabía que Tito, vivía en el otro extremo de la ciudad por eso le parecía raro.
----¡Es que yo!¡ Ah sí, yo vengo de la casa de mi primo!
Dice Tito.
----¿Y tú?
Continúa diciendo Tito, tratando de cambiar la pregunta.
----¡Yo vengo de la casa de Claudia... Las muchachas y yo dormimos allá y toda la noche estuvimos hablando. ¡Tú sabes, cosas de Mujeres!
Tan solo viendo la, pero sin tomarle seriedad a lo que estaba diciendo, Tito sonríe a todo lo que ella le platicaba. En otras circunstancias hubiese sido como un sueño hecho realidad el poder estar solos con Roxana, por supuesto sin la interrupción de las amigas de ella, mas esta vez era diferente y sin saber porque, Roxana percibía el cambio en Tito.
----¿Tito, te recuerdas la última vez que estuvimos así en un bus?
Dice Roxana con un entusiasmo reflejado en el destello de sus ojos de color verde.

Tito baja la mirada buscando en su mente ese recuerdo. Con una sonrisa afirma que en efecto eso nunca se le había olvidado. Tito recuerda el viaje de campamento de la escuela, donde Ellos se conocieron en uno de los juegos de ronda al quedar los dos estáticos, después de ver a los demás agarrar sus parejas en el centro de la cancha de basquetbol, al comienzo de dicho juego. Al no tener alternativa, tuvieron que tomarse de las manos pues el juego comenzaba.

Ese fue un momento que Tito nunca iba a olvidar, sin decir nada los dos supieron lo mucho que ambos en ese momento se gustaron.
---¿Te acuerdas lo que estábamos haciendo?
Dice Roxana.

----¡Si, estábamos gritando!

Dice Tito, pues el recordaba que cuando ya regresaban del campamento, en una de las bajadas en la carretera, al bus donde venían ellos se le descompusieron los frenos. Sin perder el control, el conductor logra chocar con el autobús que iba adelante el cual frenaba rápidamente al sentir el impacto, haciendo que el bus sin frenos pudiera también detenerse. Evitando así, una tragedia.

Roxana sabía porque él decía que estaban gritando, mas no era eso a lo que ella se refería. Dice Roxana riendo.
----¡No tontito! ----¡Me refiero a cuando nos casamos!

Tito vuelve a bajar la mirada y afirma ese comentario con una sonrisa pues efectivamente, el también recordaba cuando él se casó con Roxana.
Por supuesto, la ceremonia se efectuó en el bus en el recorrido del campamento a la escuela, en el viaje de regreso. El ministro que los casó fue nada más y nada menos que...
"PULGA".
El más chiquitito del grupo de amigos, quien se había auto denominado como "EL PASTOR PULGA".

Después de reírse de todo y recordar lo que pasó en el campamento, Tito por unos instantes, se olvida de su realidad, después de todo el en ese momento, estaba viviendo un sueño.
Mirando intensamente aquellos ojos verdes, Él se acerca lentamente y sus manos enlazan las de Roxana con tal fuerza como

si no quisiera separar se de ella nunca más. Su mirada forma un magnetismo que poco a poco, hace sus labios juntarse en lo que fue un beso que había estado reservado en sus corazones, exclusivamente para este momento. Sin embargo, como siempre el despertar, es el final de todo sueño y este no era la excepción.

Roxana reacciona en una forma repentina, en ese beso que también ella disfrutaba, más para Tito, era como un guacalazo de agua fría que lo forzaba a despertar.

Confundido, Tito pregunta...
----¿Qué pasa?
----¡Ya me pasé de mi casa!

Dice Roxana, levantando se rápidamente, jalando la cuerda del timbre de parada. Mientras el bus disminuía la velocidad para parar en la siguiente esquina, Roxana ve a Tito con un semblante de impotencia por no poder quedarse más tiempo con él y seguir disfrutando de su compañía.

----¡Tito, te veo el lunes en la escuela!

Dice Roxana dando le un beso más corto, pero con la misma intensidad al tan solo acariciar su pelo al momento que sus cuerpos se separan. Sin poder articular una respuesta el tan sólo ve a Roxana bajarse.

Ella camina en dirección contraria hacia donde el bus continuaba su trayectoria, en la perspectiva de la distancia, Tito ve la figura de Roxana desaparecer, como también su futuro con ella.

Las puertas traseras del bus se abren y otra vez con un semblante de preocupación, Tito se baja viendo para todos lados. Cruza la carretera para comenzar su trayecto por aquella calle donde había vivido toda su vida y donde sabía tendría que enfrentar una cruda realidad.

Con su mirada fija hacia el final de la calle, Tito comienza a caminar y aun desde una considerable distancia de su casa Él se da cuenta, del destello de luces azules y rojas de un carro que estaba estacionado enfrente de la que, desde la distancia, pareciera ser su casa.

De inmediato su respiración se intensifica, su nerviosismo lo hacía detenerse y esconderse detrás de los árboles. Tomando se la cabeza con las manos, Tito pensaba que era el final, su hora había llegado pues la policía finalmente sabia donde él vivía.

Caminando lentamente, con precaución se acercaba cada vez más a su casa, donde la incertidumbre de su imaginación, lo hacía pensar que lo esperaban para arrestarlo. Mil cosas pasaban por su

mente, especialmente el sufrimiento que su Mamá estaría pasando, así como la decepción de su Padre.
Resguardando se en el portón de una de las casas cercanas a la suya, Tito ve con miedo y preocupación.

De pronto ve la puerta de su casa abrirse, como queriendo que el portón en el que se escondía se lo tragara, se recuesta con nerviosismo pues no quería ser descubierto. De repente su cuerpo es absorbido como si en realidad estuviese siendo tragado por el portón, el pierde el balance cayendo hacia la parte de adentro de la casa.
----¡No te muevas!
Dice muy calladamente una voz, con asombro ve hacia una de las ventanas, cubiertas con lo que pareciera ser una cortina obscura, como para evitar completamente la entrada de la claridad del sol.
----¡Yo te digo cuando se vallan!
Continúa diciendo la voz desde la ventana, para entonces, Tito se daba cuenta en que casa se encontraba inmóvil, tratando de no ser descubierto.
----¿Doña Hortensia?
Pregunta Tito a la voz que venía detrás de las obscuras cortinas.
----¡Si, soy yo todavía no te muevas!
Dice ella que podía ver desde adentro, el carro de policía que estaba en la casa de Tito, que momentos después pasaba por allí. Tito desde el suelo, ve el carro pasar y se da cuenta, que llevan a alguien en la parte trasera de la patrulla, mas no puede distinguir de quien es, pues se había quedado estático para no ser descubierto.
Al alejarse los carros, Tito se levanta rápidamente y desde el portón le da las gracias a doña Hortensia que lo ve esperar la oportunidad para poder ir a su casa. Sin más espera Tito cruza la calle y corre, entra rápidamente y ve a su
Mamá postrada llorando en el sofá.
----¡Mamá! ----¿Qué pasó?
Dice Tito, pues no entendía porque su Mamá lloraba de esa forma. Doña Teresa al ver a Tito, se levanta y lo abraza en un mar de lágrimas, lo único que puede decir es...
----¡Hijito, se llevaron a tu Papá! ¡Se llevaron a tu Papá!

Repite la inconsolable mujer, los ojos de Tito también se llenan de lágrimas al ver el sufrimiento de su Mamá. Aun sin entender, Tito le vuelve a preguntar.
----¿Pero Mamá que pasó?
Sin embargo, ella no reaccionaba. Tomándola de los hombros firmemente, Tito le pregunta otra vez con ansiedad...
----¿Mamá, Mamá por Dios dime que pasó?
Con dificultad para poder articular las palabras en el resuello, ella dice:
----¡Se llevaron a... tu Papá! ¡Porque dicen que mató a Roberto Rodríguez!
Junto con la inconsolable mujer, que se desplomaba en el sillón, la mandíbula de Tito cae en asombro, abriendo sus ojos también con desconcierto, pues él no podía aun entender todo esto que estaba pasando y mucho menos que relación tenía con lo que él había vivido la noche anterior.
Pasando sus dedos entre su pelo en un estado de confusión, Tito camina de un lado a otro, tratando de analizar todo esto. De pronto el semblante de asombro y preocupación cambia.

Sus ojos se llenan de ira, el enojo era evidente, su indignación comienza a emerger de tal manera que pareciera salir hasta por sus poros.
Tomando unos segundos para respirar, pone sus manos como en posición de oración, se acerca a su Madre y le dice tan sólo limpiando las lágrimas que caían por sus mejillas.
----¡No te preocupes Mamá, mi Papá no mató a nadie! ¡Todo va a estar bien!
Doña María la vecina, llegaba a ver lo que pasaba pues era inusual, que en esta casa se vieran escenas como esta.
----¿Que pasó Tito?
Pregunta Doña María.
¡No le puedo explicar ahora, necesito que si puede se lleve a mi Mamá a su casa!...
----¡Yo tengo que ir con mi Papá!
¡Claro claro, valla hijo no se preocupe por su Mamá yo me la llevo!
Dice Doña María, que no tenía ni idea de lo que pasaba.

CAPITULO 10

Tito sale de su casa, con furia en su mirada, caminando en dirección hacia la carretera, pasa por la tienda donde él y sus amigos de barrio acostumbran a usar como punto de reunión. Tito con un paso acelerado, camina con su mirada fija en la carretera, su mejor amigo (NICHO) lo ve y por supuesto no entiende porque Tito lo ignora. Lo cual era inconcebible puesto que ellos se conocían de toda la vida, desde párvulos para ser exactos donde los dos estaban completamente enamorados de la profesora (La Seño Norma).

No era posible que su compañero de mil travesuras lo estuviera ignorando así. Como ellos mismos se expresaban, Nicho pensaba que algo "PELUDO". Estaba sucediendo.

----¡Tito!

Exclama Nicho, más Tito continuaba caminando sin responder.

----¿A dónde chingados vas? ----¡Espérame! ----¿Oye que está pasando?

Dice Nicho, tomando a Tito por el hombro, él se voltea y violentamente lo toma por el cuello de la camisa y le dice...

----¡Déjame en paz...No tengo tiempo para tus pendejadas!

El asombrado Nicho, se queda inmóvil ante la reacción de Tito, que era poco común.

----¿Compadrito pero que le pasa?

Pregunta Nicho que siente la fuerza de las manos de Tito y ve la ira en sus ojos. Tito lo ve, lo suelta y continúa caminando. Nicho después de esa reacción, definitivamente confirmaba que algo estaba ocurriendo.

----¡Tito tranquilízate! ----¡Vení! ----¿Porque no platicamos?

Le dice Nicho, nuevamente tomándolo del hombro. Tito reacciona a la petición de su amigo, después de todo si algo necesitaba era desahogarse con alguien y quien mejor que su amigo de toda la vida.

Nicho lo toma por el hombro, dándole unas palmadas para lograr que se calme y le dice:

----¡Acompaña me vamos a donde Héctor!

Nicho se refería a la cantina que Héctor, otro de los amigos de Tito, atendía a pesar de ser de la misma edad como ellos.

----¡Qué onda muchá!
Dice Héctor al ver a sus amigos entrar, por las puertas de la cantina como los vaqueros en las películas del viejo oeste. Tito sin responder al saludo de Héctor tan solo entra y se sienta en la mesa del rincón. Nicho se acerca al bar y Héctor le pregunta:
----¿Y a este que le paso? ----¡No sé, pero ahorita lo vamos a averiguar!...
----¡Ah, vamos a necesitar unos cuantos tipos, pues al Tito le pasa algo bien peludo!
Dice Nicho y Héctor sin entender lo que pasaba, únicamente afirma en acuerdo con el movimiento de su cabeza al ver a Tito sentado con los codos sobre la mesa y con sus manos, tomando se la cabeza.
Nicho se acerca a la mesa con dos octavos de licor y por supuesto Héctor atrás de él, que no pretendía perderse esta conversación.
----¡Vamos compadre tomate un tu tápis pa que te calmés!
Tito a pesar de no tener costumbre de tomar, piensa que quizás esta era la mejor ocasión, para comprobar si era verdaderamente cierto esa muy común frase que dice...

"BEBIENDO SE AHOGAN LAS PENAS"

Sin esperar alzo su vaso y de un solo trago se tomó todo lo que su amigo le había servido, aunque los gestos de su cara reflejaban repudio a la sensación del licor pasando por su paladar. Le pide a Nicho que le sirva más. El asombrado Nicho, le sirve sin poder explicarse que le puede estar pasando a su amigo, que lo impulsa a beber de ese modo pues él sabe que, a Tito, nunca le ha gustado beber licor.
----¿Que pasó Tito?
Pregunta Nicho...
----¿Se llevaron preso a mi Papá!¡Lo acusan de ser sospechoso de la muerte de Rodríguez, Roberto Rodríguez! ----¿Que qué?
Pregunta Nicho, que también se toma su vaso de licor en un solo trago al escuchar lo que su amigo le contaba.
----¿Don Carlos un asesino?

Dice Héctor que se queda estático, con otros dos octavos en sus manos, al escuchar lo que Tito les decía.
----¡Dame acá

Dice Nicho arrebatando le los dos octavos a Héctor, haciendo le señas con sus ojos tratando de cubrir lo que decía, pues se daba cuenta la molestia de Tito ante ese comentario. Nicho veía como la mirada de Tito se comenzaba a llenar de ira pues no le gustaba lo que su otro amigo decía.
----¿Qué piensas hacer Tito?
Dice Nicho...Tito se sirve otro poco de licor y tomando lo de un trago, los ve limpiando se los labios con la mano y dice con la mirada fija en Héctor:

----¡No lo sé, pero algo tengo que hacer...Porque mi Papá no es ningún asesino! Tito se levanta, tomando se lo último que le quedaba en el vaso, se mete la mano al bolsillo y saca el fajo de billetes, pone uno de a cien sobre la mesa y dice:

----¡Me tengo que ir!
Sale de inmediato de la cantina, Héctor queda con la boca entreabierta viendo el billete sobre la mesa y sigue a Tito con la mirada, al ver como el desaparece entre las puertas.

----¡Vos algo bien peludo está pasando! ----¡Meme pagó con un billete de a cien!

----¿Te diste cuenta todo el dinero que Tito traía?
Nicho también asombrado afirma lo que Héctor dice tomando se otro trago de licor.

----¡Tengo que averiguar que más está pasando!
Dice Nicho, corriendo hacia la calle, unos segundos después, Nicho vuelve a entrar a la cantina con disyuntiva en su semblante.

----¿Que pasó, no ibas a seguir a Tito?
Pregunta Héctor. Que todavía estaba retirando las botellas vacías de la mesa.

----¡Se esfumó, El Tito desapareció!

Responde el confundido Nicho, que no había visto que Tito se había escondido al salir de la cantina, con el afán de que su amigo no lo siguiera pues nadie lo podía seguir a donde él se dirigía, además él no quería involucrar a nadie más en todo esto.

CAPITULO 11

La penumbra de la noche se ha hecho presente, la pobre iluminación de un solitario farol en el poste de la esquina ofrece su destello en él va y ven del viento columpiado desde el alambre que lo sostenía. El tambaleante caminar de una silueta al medio de la calle, hace despertar la reacción de los guardianes del vecindario. Su ladrido establece su presencia y también los límites que están dispuestos a defender.

Las luces de las casas que son mínimas se ven como si estuvieran incrustadas en las colinas formando artificialmente un firmamento en la obscuridad.

Dos carros tipo picop con elementos de policía pasan por la calle a gran velocidad, con las luces apagadas.

Minutos después el ladrido de los perros se intensifica, como respuesta al intenso y aparatoso sonido de los golpes en la puerta de una de las casas. La cual pareciera estar siendo derribada por la fuerza con la que era golpeada.

La reacción de susto es evidente en la expresión de Yuli, ella ve a Fredy que se encontraba recostado en el sofá. Con dificultad se levanta y con un movimiento de su cabeza el, le indica que se mueva contra la pared para que quien fuese que estaba afuera tratando de derribar la puerta no la viera.

Yuli sigilosamente lo hace, por supuesto la intensidad de los latidos de su corazón, aumentan ante la incertidumbre de no saber quien o quienes se encontraban afuera pues sabía que la policía los buscaba.

Mientras tanto Fredy se logra levantar y toma su cuchillo que se encontraba en la mesa de centro. Los golpes continuaban violentamente, al unísono, los ladridos de los perros parecieran hacer coro. Yuli trata de acercarse a la ventana para ver por el espacio entre las cortinas. Respirando con intensidad y nerviosismo, tan solo puede ver la silueta de alguien que después de golpear la puerta, pareciera tan solo recostar la cabeza contra la misma. Ella trata de distinguir más la obscuridad no se lo permitía.

Con atención quería escuchar detenidamente pues el individuo murmuraba al golpear la puerta con su cabeza. En su murmuro de lamento, tan solo decía:

----¡No puede ser No puede ser!!

Inmediatamente golpeaba la puerta con todas sus fuerzas, y los perros volvían a ladrar.

Con señas Yuli le dice a Fredy, que ella solo veía a una persona. De pronto la silueta se acerca a la ventana para tratar de ver por el cristal.

----¡Abran la puerta!

Dice la voz con un tono, como de alguien que se encontraba embriagado. Yuli ve hacia donde esta Fredy y en silencio trata de escuchar más detenidamente. Yuli pone su mano sobre el interruptor de la luz, voltea a ver a Fredy, el con un movimiento de su cabeza le indica que no, pues Yuli se disponía a prender las luces de afuera.

----¡Abran la puerta!

Nuevamente decía la voz, los ojos de Yuli se llenan de asombro pues ella reconoce la voz.

----¿Tito? ----¡Es Tito!

Exclama Yuli, aun con asombro y disyuntiva en su mente pues no comprendía que pasaba.

Yuli prende las luces y abre la puerta, Tito la ve y tan solo entra con una mirada que estaba como perdida y fuera de enfoque, Yuli lo ve pasar por la puerta y se da cuenta que Tito tiene una botella de licor a medio terminar.

----¿Que pasa Tito porqué estas así? ----¿Así?

Responde Tito con ironía, pero sobre todo con un tono embriagado, que no podía disimular.

----¡Tito, estas borrachas! ----¡No deberías estar tomando!

Dice Yuli aun sin entender, pero con un tono autoritario. Tito tan solo la ve y continúa caminando hacia la mesa del comedor, Yuli lo sigue y le vuelve a preguntar.

----¿Tito que pasa... ¿Porque estas tomando? ----¿Que, ahora tengo que darle cuentas de lo que hago?

Responde Tito tomando un trago directamente de la botella.

----¿Tito que pasa? ----¿Qué pasa? ----¡Lo que pasa!

Dice Tito, esta vez gritando.

----¡Hey... ¡Tranquilo, No le hables así a la Yuli!

Dice Fredy desde el sofá, la ira de Tito se enciende al escuchar los comentarios de Fredy, a quien ve con una mirada como si estuviera viendo a su peor enemigo.

----¡Tu cállate desgraciado!

Responde Tito, apuntando a Fredy con el dedo índice de su mano izquierda que empuñaba la botella de licor.
----¿Pero ¿qué está pasando? ----¿Por qué estas así?
Nuevamente pregunta Yuli que no terminaba de comprender el comportamiento de Tito que pareciera haber experimentado algo más, que lo tenía actuando de esa forma pues además de su borrachera su disgusto era notorio.
----¿De veras quiere saber lo que está pasando?
Golpeando la mesa con la botella, por supuesto derramando el licor sobre el mantel.
----¡Tito, tranquilízate!
Dice Yuli, levantando le el tono de la voz. Tito enfurecido le dice:
----¡Lo que pasa es que, por culpa de este desgraciado y sus maleantes, se llevaron a mi papá preso!
Los ojos de Yuli y Fredy se llenaban de asombro, pues no entendían la relación de las palabras que Tito les decía.
----¿Pero de que hablas Tito?
Pregunta la intrigada muchacha, que por lo menos ella no entendía.
----¡Se llevaron preso a mi Papá, porque lo acusan de haber matado a Roberto Rodríguez!
La mandíbula de ambos caía en asombro a lo que Tito les decía con coraje en sus palabras. De pronto el asombro de Fredy cambia a un movimiento de negación de su cabeza y una sonrisa discretamente delineada en sus labios. Como si supiera algo al respecto. Por supuesto Tito se da cuenta inmediatamente de su reacción pues no le había quitado los ojos de encima. Yuli también se da cuenta de eso cuando Fredy baja la mirada.
----¿Fredy tú sabes algo?
Pregunta aún más confundida la bella muchacha.
¡Tu Papá quizás se cansó de Rodríguez y ...!
----¿Y qué desgraciado?
Dice Tito enfurecido, tomando la botella y quebrando la por la mitad contra la orilla de la mesa.
----¡Mi Papá no es ningún asesino!
Le grita Tito a Fredy apuntando lo con la botella quebrada. Yuli se da cuenta como Tito está perdiendo la compostura acercando se ha Fredy cada vez más.
Y volteando a ver a Fredy ella le pregunta que porque decía eso.
----¡Bueno pues...! Don Carlos nunca quiso hacer negocios con Rodríguez. y.!

----¡De todos modos Rodríguez se lo merecía!
Continúa diciendo Fredy a medias palabras, pero con convicción. La ira de Tito era evidente lo indignaba los comentarios de Fredy pues automáticamente, acusaba a su papá de ser el que había acecinado a Rodríguez.
----¿Y tú que diablos sabes para afirmar eso, desgraciado?
----¡Probablemente uno de tus compinches lo mató, porque mi papá no es ningún asesino!
Le grita Tito enfurecido, sus ojos parecían que se le fueran a salir de la cara. Yuli se daba cuenta que Tito era definitivamente una persona completamente diferente, al muchacho inocente que había conocido el día anterior.
Tito se acercaba más y más a Fredy diciéndole:
----¿Tú crees que todos somos unos maleantes y asesinos como tú y tu pandilla?
Fredy se da cuenta que Tito está furioso y que se acerca no necesariamente con buenas intenciones, el trata de pararse apoyando se en la mesa de centro donde había puesto de nuevo el cuchillo, al cual se le queda viendo. Tito piensa que Fredy está tratando de agarrarlo.
----¿Que, también piensas matarme?
Le dice Tito a Fredy que con dificultad se agarra el hombro, ve hacia donde está el cuchillo y a la vez también ve a Tito que se ve dispuesto a atacarlo.
----¡Tito estas borracho y no sabes lo que dices! ----¡Tu Papá quizás hizo lo que tuvo que hacer!
Dice Fredy, que al mismo tiempo tan solo ve como Tito se balancea contra el tomando lo por el cuello con su mano derecha. Al mismo tiempo Yuli trata de meterse en medio para evitar el altercado. En la inercia del movimiento y también el peso de los tres sobre el sofá, hace que el mismo se de vuelta hacia atrás. Yuli grita para que Tito se detenga, pero el enojo de Tito era tal que lo segaba, tan solo respondía diciendo...
----¡Ya te dije que mi Papá no es ningún asesino!
Con la botella quebrada, Tito se dispone a pegarle a Fredy, Yuli se levanta y trata de detenerlo, él le grita que no se meta y la empuja contra el piso.
----¡Tito no lo hagas!
Dice Yuli. Tito hace una pausa y le pregunta.
----¿Porque usted tiene tanto interés por este maleante?

Al mismo tiempo Fredy aprovecha la distracción de Tito y lo empuja con sus piernas, Tito en el impacto suelta la botella, que se quiebra completamente en el piso. Aun con más coraje, Tito se levanta toma el cuchillo de la mesa y se lanza sobre Fredy tomando lo nuevamente por el cuello con su mano izquierda. Yuli grita con pánico pues ve que Fredy no puede contra el enfurecido muchacho. Fredy inmovilizado por el fuerte apretón que Tito le proporcionaba, sangraba incontrolablemente de su hombro derecho.

----¿Tito no lo hagas por favor!
Gritaba Yuli llorando inconsolablemente, la respiración de Fredy cada vez era más y más limitada.

Que irónica era la vida, nuevamente Fredy se encontraba muy cerca de su fin y aún más irónico era que el que hacía tan solo unas horas le había salvado la vida, estaba a punto de terminar con ella de una vez por todas. También la respiración de Tito era intensa y agitada, su corazón latía más rápido de lo normal, la ira en sus ojos era como que sus pupilas fuesen a encenderse en una llamarada de fuego.

Con el cuchillo empuñado, Tito alza su brazo, los ojos de Fredy llenos de lágrimas, gotas de sudor resbalando por su rostro tan solo veía a Tito como dándose por vencido y esperando por el último segundo en su vida. De pronto todo se detenía como en la escena de una película, los movimientos parecían, estar en cámara lenta, las luces reflejaban el resplandor del metálico cuchillo, prediciendo tragedia. El cuchillo en las alturas listo para su descenso mortal se quedaba estático al momento cuando a los oídos de Tito llegaba una última súplica de Yuli diciendo.

------¡Tito no mates a Fredy...! ¡ÉL...!
¡ES NUESTRO HERMANO!!

La expresión en la cara de Tito quedaba congelada, mientras su cerebro intentaba procesar la información en la súplica de Yuli.

La ira que lo cegaba y que lo arrastraba a cometer una tragedia, quedaba relegada a un segundo plano pues en dicho proceso esa información no terminaba de ajustarse en su mente, pues no era una simple lógica, era como tratar de meter una figura circular en un espacio cuadrado.

A pesar de estar en shock, su respiración continuaba agitada, sudor goteaba por su frente, dicha impresión pareciera desvanecer su borrachera, debido a la magnitud de las palabras de Yuli. Después de unos segundos y buscar en su mente una explicación, Tito se levanta instantáneamente y se quita de encima de Fredy y retrocede hasta ser detenido por la pared detrás de él.

En ese momento su realidad se hace presente y con mucho asombro en la expresión de su cara, Tito se percata que aun empuña el cuchillo y viendo a Fredy como lucha contra su propia saliva para poder respirar, ve como lenta mente el cuchillo se desliza como en cámara lenta de su mano sudada y temblorosa.

Yuli de inmediato acude a ayudar a Fredy, quien sangraba incontrolablemente del hombro y estaba teniendo dificultad para respirar al tragar su propia saliva.

----¡Tito!
Exclama Yuli, que veía la dificultad que tenía Fredy al tratar de respirar. Tito mientras tanto también luchaba, pero ahora contra su propia incertidumbre. Tomando se la cabeza con las manos, Tito se levanta repentinamente y camina hacia la entrada principal, Yuli también se levanta y lo sigue hasta la puerta diciendo...
----¡Tito espera tenemos que hablar!

Ella lo toma del hombro, pero el con un movimiento de su brazo la toma por el codo y le dice...

----¡Ya dejé me en paz!
Pero al verla directo a los ojos, hace una pausa y se queda estático, como si por unos segundos, esos bellos ojos negros llenos de lágrimas le brindaran esa paz que tanto necesitaba, sin embargo, ese momento mágico terminaba al ella repetir le.
----¡Tito por favor deja me explicarte!

Tito tan solo la ve y se mete la mano al bolsillo, de donde saca el fajo de billetes que Fredy le había dado. Viendo nuevamente a Fredy, toma la mano de Yuli y le da el dinero' diciendo...
----¡Usted y sus historietas! ----¡Como hubiera querido no haberla conocido nunca!

Yuli lo ve profundo a los ojos exclamando...
----¡Nono! ¡Tito deja te explico!

Al mismo tiempo ella voltea a ver y se da cuenta como Fredy aún está teniendo dificultad para respirar tan solo tomando se el hombro herido. Ella regresa inmediatamente para ayudarlo y desde la distancia le suplica a que la escuche, el tan solo los ve al abrir la puerta. La angustiada muchacha queda llorando de impotencia por no poder hacer que el la entendiera.

Y así sale Tito nuevamente a la calle, lleno de frustración y ahora con tantas preguntas en su mente. El ladrido de los perros vuelve a acompañar a esa silueta en la obscuridad, que ahora se desplaza más rápido por el medio de la calle, tratando de alejarse del lugar aun con un destino literalmente incierto.

CAPITULO 12

—¡Hey. vos Patojo despierte!
Dice imperativamente una voz, que Tito poco a poco oía con más y más insistencia a medida que salía de su transe adormitado.
—¡Levántate...ya llegamos!
Repite nuevamente la voz en un tono poco amigable.
Los ojos de Tito poco a poco trataban de enfocar y ajustarse a la luz que pareciera cegarlo.
Esa voz que le decía que se despertara y que se bajara era la del conductor del autobús, en el que Tito se había quedado dormido.
—¿Yo? —¡todavía no me bajo!
Decía aun confundido.
¡Pues te tienes que bajar, porque ya llegamos al final de la ruta!
Dice el señor que quería que el muchacho se bajara, para poder él irse a su casa.
—¿Pero yo me bajo en?
Tito hace una pausa, al darse cuenta de que estaban parqueados donde había otros buses y que efectivamente pareciera ser el final de la ruta.
Tito se restriega los ojos y procede a bajarse del autobús. Después camina hacia lo que pareciese ser la parte más iluminada del vecindario.
Mientras caminaba trataba de organizar sus pensamientos, se da cuenta que el bus en el que había llegado era el de la ruta 10 que finalizaba su trayecto en la población de Mixco.
Ya con la convicción de saber dónde estaba, camina hacia la plaza central donde había estado varias veces, pues recordaba cuando su papá los traía a las fiestas patronales del pueblo.
Por supuesto a esas horas de la madrugada, todos los locales comerciales estaban cerrados y por lo tanto la plaza pareciera estar vacía. Sin embargo, el veía conforme caminaba que en dicho lugar se encontraban los cuerpos de indigentes envueltos en cartones, tratando de resguardar se en cualquier esquina del frío de la noche.
Tito ve para todos lados y en medio del silencio, escucha el agónico lamento que provenía desde su estómago que no paraba de protestar. Ya hasta ese momento, no había recibido alimento alguno más que el alcohol que Tito había consumido.

El humo y vapor se veía salir de dentro de uno de los locales que estaba cerca de la iglesia, el olor a comida se sentía desde la distancia y el estómago de Tito rugía como el envejecido León del circo Rex. Haciendo complicidad con su paladar, su olfato lo hacía caminar en dirección de aquel irresistible olor a fritura.

Finalmente, llega hasta la pequeña caseta forrada de publicidad de cerveza y bebidas gaseosas de donde provenía el inconfundible aroma.

Tito se acerca mas no ve a nadie, solamente se ve una hoya sobre el fuego de la improvisada estufa, hecha de la parte inferior de un tonel recortado.

Tito asoma la cabeza un poco más y se da cuenta como a la señora que atendía el negocio, la había vencido el sueño de la madrugada sobre el banquillo donde estaba sentada, tan solo la pared detrás de ella le permitía mantener el equilibrio.

Tito sentía el delicioso olor a arroz en leche que provenía de la hoya sobre la estufa y su boca se hacía agua.

Aun con los ojos cerrados la señora le pregunta:

----¿Que va a querer joven?

Tito reacciona asombrado al oír sus palabras y ni tan siquiera moverse.

----¿yo?

De nuevo su estómago vuelve a rugir como recriminando la pregunta a lo que era evidentemente obvio.

Tito se mete la mano los bolsillos y en ese momento se da cuenta que no tiene dinero pues se recordaba que se lo había dado a Yuli.

----¡ah No! ----¿yo? ----¡No nada, gracias!

Dice el muchacho con frustración, pues la injusticia de la vida pareciera seguirlo como una nube gris sobre su cabeza.

Poniendo sus bolsillos vacíos de regreso en su pantalón, ve hacia la hoya de arroz en leche y tan solo saboreando se los labios se alejan de la caseta. Al llegar a la esquina tan solo unos metros de allí, Tito siente una corriente de aire y una extraña sensación, que pareciera atravesar todo su cuerpo, lo cual lo hace detenerse por unos momentos, pues no comprendía eso que experimentaba.

De pronto ve hacia la iglesia, luego ve hacia atrás, sentía que alguien estaba a su lado, ve en dirección de la caseta y se da cuenta que la señora lo llamaba insistentemente haciéndole gestos para que regresara.

Aun sin entender, el camina lentamente de regreso viendo para todos lados. Al llegar de nuevo se da cuenta que la señora ya tenía un vaso de arroz en leche servido sobre la mesita afuera de la caseta, también ponía en un plato, unos chuchitos que todavía le quedaban.
Tito se acerca aun sin entender, pero atraído por el delicioso olor que emanaba de los humeantes chuchitos. Los cuales emergen de adentro de una nube de vapor, en la tusa donde habían sido envueltos, haciendo que su paladar se hiciera agua.

----¡Venga joven, jale ese banquillo y siente se a comer!
Dice la señora que ve a Tito quedarse parado sin convicción pues aún no terminaba de entender.

----¡Vamos siente se pues!
Vuelve a decir la adormitada señora.
----¡Es que yo no tengo dinero para pagar!

Responde Tito, que tan solo veía el vapor transportar ese delicioso olor directo a sus nasales.
----¡No hombre, si esto ya lo pagó el muchacho que anda con usted!
Dice la señora que trataba de hacer que Tito se sentara de una vez por todas.

----¿Quién?
Repite Tito, que continuaba confundido por lo que ella le decía.
----¡El muchacho que estaba detrás de usted antes que se fuera para la esquina!
La garganta de Tito se mueve, y el de inmediato voltea a ver sobre su hombro.

----¡Vamos joven, que se le enfrían los chuchitos!

Le dice la señora que le acerca el plato y con un gesto de sus ojos lo invita a que de una vez por todas les meta el diente a los humeantes chuchitos.
Finalmente, aunque con una gran disyuntiva, Tito se sienta y saboreando el primer pedazo de chuchito, continúa viendo sobre su hombro. Tomando un trago de arroz en leche, Tito le pregunta a la señora...

----¿El que pagó fue el conductor de la camioneta? ----¿Quién don Sergio?
----¡No hombre ese señor es más tacaño! ----¡No, fue su amigo El Colocho, apropósito ya no regresó por su vuelto!
Los ojos de Tito se abren en asombro y con dificultad se traga el abundante sorbo de arroz en leche que ya tenía en medio de su garganta. Por supuesto que su asombro era tal pues él no había llegado con nadie más.

Al continuar comiendo, no dejaba de ver sobre su hombro tratando de ver quien era el que había pagado. Haciendo conversación, la señora le dice....

----¿Usted no es de por aquí va? --- Tito con comida en su paladar, hace una pausa y nada más mueve su cabeza en negación.

----¡Me quede dormido en el bus! ---Dice el muchacho, viendo otra vez sobre su hombro, reflejando disyuntiva en su mirada.

----¿Disculpe Seño, a qué hora sale el primer bus? ----Pregunta Tito.
----¡A las 5:30!

Responde la señora en medio de un bostezo, que le causaba el cansancio de la madrugada.
Al escuchar Tito pensaba como iba a poder colarse pues sabía que no tenía dinero. También sabía, que al ser el inicio de la ruta dicha proeza, no sería fácil pues la cantidad de pasajeros iba a ser mínima.
De pronto, dice la señora:
----¡Tome joven aquí está el vuelto de su amigo, no sé ni para donde se fue?

La garganta de Tito se movía, al mismo tiempo que se le erizaba la piel al ver como ella le ponía el dinero en su mano.
Por un momento titubea pues no terminaba de entender esta extraña situación, piensa sin embargo que, aunque no sabía de quien provenía ese dinero, definitivamente lo iba a necesitar. Quedándose callado, tan solo lo recibe.
Después de unas horas...

----¡Joven, joven! despierte, ¡ya va a salir el bus de las 5 y media!
   Decía la señora, que trataba de despertar al muchacho que se había quedado dormido encima de unas cajas al lado de la caseta.
   Tito confundido, se levanta repentinamente tratando de ubicarse, se limpia los ojos y ve para todas partes.

Se da cuenta finalmente donde estaba, también ve hacia el final de la calle donde estaban los buses parqueados y comienza a caminar. Al alejarse tan solo unos metros, vuelve a sentir la misma sensación de hacia unas horas. Esa corriente de aire pasando por su cuerpo que lo estremecía de pies a cabeza haciéndolo detenerse. Tito ve hacia atrás y ve como la señora está teniendo dificultad para mover las cajas en las que él se había quedado dormido.

   Tito corre a ayudar a la señora, la señora lo ve y le sonríe diciendo.
----¡Uf ... están pesadas las condenadas, gracias joven!
Tito afirma con su cabeza al limpiar se las manos, también diciendo:
----¡De nada doña! ----¡Gracias a usted!
En seguida Tito se despide y corre hacia los buses donde se subiría al que lo llevaría en dirección de su casa.

CAPITULO 13

----¡Buenos días don Carlos!
Dice una voz, la mirada de Tito sin punto de referencia, perdida en la lejanía es interrumpida por esas palabras que llegan a sus oídos. Con emoción lo hacen ver hacia la puerta del bus. Tan solo era el mañanero saludo, para el conductor de una señora que abordaba el autobús en ese momento. Tito al escuchar el nombre "Carlos". De inmediato lo hace recordar a su padre ya que era para la una gran incógnita la suerte de su progenitor. Suspirando en medio de la incertidumbre que lo agobiaba, ve a través del cristal y nuevamente se pierde en la lejanía del horizonte.

El sonido de aire comprimido, que hace funcionar el mecanismo del abrir y cerrar de las puertas traseras del autobús, hace nuevamente a Tito regresar a la realidad. De inmediato se da cuenta que se tiene que bajar. Viendo el bus que lo dejaba envuelto en la nube de humo negro que emanaba de aquel oxidado escape.

Tito nuevamente llega a la esquina de la calle de su vecindario con la carretera principal.

El amanecer es anunciado por el cantar de un gallo que se escucha en la distancia en el pasivo silencio de la calle. El inicio de un nuevo día comienza haciendo se presente en los colores naranja intenso en el horizonte en lo que era ya, el preludio a la salida del astro rey.

En el recorrido a su casa, Tito pensaba en todo lo que hasta ese momento le había ocurrido. Como en tan solo dos días su vida había cambiado radicalmente.

También pensaba en su Papá. Cuál sería su situación y donde estaría, también qué le diría a su Mamá pues él le había dicho que no se preocupara y hasta ese momento no tenía ni la menor idea cual había sido la suerte de su Padre. Todos estos pensamientos lo agobiaban con forme se acercaba a su casa. El silencio era notorio en el vecindario pues era Domingo por la mañana,

Tito finalmente abre la puerta, aunque ya amanece el interior de la casa está aún obscura. Enciende la luz de la sala y por unos

momentos se recuesta en el marco de madera en la puerta que divide la sala del comedor.
Tan solo se queda viendo en dirección de la pared, allí estaba colgada la pintura de Jesucristo quien tenía los dedos de la mano derecha levantados como mostrando el símbolo de " Amor y Paz". Algo que aquel muchacho buscaba intensamente.

Después de un profundo suspiro, escucha como tan solo el sonido de lo que pareciera agua corriendo acompañaba el absoluto silencio. Pensaba que, a pesar de lo acontecido, su Mamá ya estaría levantada. También se imaginaba que ella ya habría regresado de la casa de doña María. Sin embargo, el silencio era total. Lo hacía más extraño el hecho que ni siquiera Firulais (su perro) lo hubiese llegado a recibir.
Con reserva, Tito camina hacia la puerta que comunica el principio del corredor, que a su vez dividía la casa en dos y terminaba hasta el patio. Sigilosamente ve hacia su derecha en dirección del garaje, luego se da cuenta que los utensilios en la cocina están regados por todas partes y algunos tirados en el suelo. Un desorden que lo desconcierta pues si algo siempre existía en la cocina de su Mamá, era orden.

----¡Mamá!
Exclama Tito, más el silencio era imperante y tenebroso. Fijando su atención Tito ve hacia el final del corredor donde está la puerta que comunica al patio. La cual ve abrirse brevemente con el viento y donde los rayos del sol penetran las rendijas entre la madera. Viendo hacia adentro de los cuartos adyacentes al corredor, vuelve a exclamar:
----¡Mamá! Mas no había respuesta de ella, al abrir la puerta del patio, el rechinado de la misma hacía que su incertidumbre fuese mayor pues tan solo el sonido del agua se escucha corriendo, ahora con más intensidad con forme él se acercaba. Efectivamente era el agua corriendo sin control, rebalsando el tanque donde el veía el agua caer. Allí tampoco estaba Doña Teresa. Siguiendo el riachuelo de agua que caía de la pileta y se empozaba bajo los Duraznales, Tito fija su atención al final del patio, y se da cuenta que, en uno de los dos Jocotales, las hojas parecieran ser acariciadas por la corriente del viento. Sin embargo, las del otro estaban completamente inmóviles, como si tan solo estuvieran pintadas.

Tito baja la mirada para cerrar la llave del agua y de pronto siente una corriente de aire abrir la puerta, de inmediato ve hacia los jocotales, los cuales está vez se ven completamente inmóviles.

Tito camina hacia los escalones tratando de ver quien había abierto la puerta. Él logra ver hacia adentro hasta el principio del corredor, aunque aún obscuro distingue a una silueta.
Tito entra nuevamente muy despacio y con cautela pues no sabía de quien se trataba. Desde la distancia trata de distinguir quien era está persona que parecía ser un hombre de mediana estatura, con pelo ondulado, cuya característica en particular, despertaba la curiosidad de Tito. Aunque se le erizaba la piel de la incertidumbre pues recordaba los acontecimientos de hacía unas horas. Todo esto no le causaba miedo.
Sin aun distinguir de quien se trataba El sentía una inexplicable paz y tranquilidad. Tito poco a poco se acercaba, de pronto a sus oídos llega un murmuro proveniente de la puerta de la calle que en el silencio se escuchaba decir...
----¡El patojo está aquí adentro! ----¡Vos anda te por atrás yo le voy a caer por aquí!

Tito voltea a ver para atrás en dirección del patio y cuando ve de nuevo hacia la puerta del comedor la silueta había desaparecido. Tito comienza a caminar hacia el comedor, más una corriente de viento que nuevamente atraviesa su cuerpo lo hace detenerse. Una vez más la ve hacia la puerta del patio y ahora con el contraste de la luz del sol que ya alumbraba plenamente el pasillo, ve con más claridad la figura de ese muchacho de pelo ondulado que parado al final del corredor le exclamaba:

----¡Tito, corré!

La garganta del muchacho se mueve ahora con ansiedad pues no entiende lo que está pasando y mucho menos de quien se trataba. Fracciones de segundos después, cuando Tito comprendía lo que la figura le decía. Él se impulsa hacia adelante, pero la inercia de ese movimiento es detenida por el apretón de una mano sobre su hombro.
De nuevo el muchacho aterrorizado trata de correr, pero no puede. Al forcejear, Tito se da cuenta que el que lo está tratando de detener es un policía.

----¡Está vez no te escapas patojo cabrón! ----¡Así te tenga que llevar muerto!
Gritaba el policía al mismo tiempo que le propinaba tremenda paliza.
----¡Estás igual de bravo y escurridizo que tu Chucho*! (Perro)
Tito cae al suelo y trataba de defenderse de los golpes, mas no podía, el policía se le había ido encima. Al parecer el policía no mentía al decir que lo llevaría muerto. Su ira hacia Tito era tal que cada vez le pegaba con más y más rabia.

Tito se cubría la cara y la cabeza con sus brazos. De pronto en medio del embate, él siente que el peso del cuerpo del policía cae completamente sobre él. Ya no sentía ningún golpe tan solo el sonido de la respiración a mil por hora pues el vendaval de golpes cesaba.

Tito sin entender aprovecha para empujar al policía que, en ese momento, había quedado inmóvil como si de repente por arte de magia algo o alguien lo hubiese detenido. Su afán de quitarse el cuerpo de encima es interrumpido cuando en dicho movimiento, Tito con su mirada a nivel del piso, ve un par de botas estilo militar. Su mirada comienza a ascender desde dichas botas hasta el pantalón azul. Fijando su mirada aterrorizada en el policía quien al parecer detenía al otro que quedaba desmayado.

Tito se logra soltar del cuerpo inmóvil y como puede se arrastra hacia atrás, el asustado muchacho no sabe qué hacer. De pronto se escucha la voz proveniente del policía que había ido por el lado de afuera a tratar de interceptar a Tito.
----¿Cifuentes, Cifuentes; lo agarraste?
Decía el policía desde afuera.
----¡Todavía no!
Responde el policía que interrumpía el ataque contra Tito, tan solo acercándose a la pequeña ventana de la cocina para hablarle al otro policía que preguntaba...
----¿Gutiérrez? ---¡Si sí soy yo! ----¿Dónde está Cifuentes? ---¡No se!
Respondía el policía mientras veía a Tito.

El muchacho confundido no entiende porque este oficial hacía eso. Mirando para todos lados sin saber que hacer, Tito pensaba cual era el motivo de este señor para no descubrirlo.

De pronto, el policía que estaba inconsciente tirado en el piso comenzaba a despertar. El aterrorizado muchacho tan solo lo ve fijamente. En ese momento el policía le trata de agarrar la pierna

pues Tito todavía estaba sentado en el piso. El otro le da tremenda patada, haciéndolo caer desmayado otra vez.
la respiración del muchacho seguía intensa, aun sin entender dice:
----¡Gracias, señor! ----¡Ahora ya estamos a mano patojo!
Responde el policía viendo nuevamente por la ventana de la cocina.
La mirada de Tito estaba llena de incertidumbre pues no entendía el comentario del policía, quien, a su vez al ver la gran incógnita de Tito, le dice:
----¡Me pudiste matar en el callejón y sin embargo no lo hiciste!
Los ojos de Tito se abren en asombro, pues se daba cuenta que este que lo salvaba, era el mismo policía a quien el, le había pegado en la cabeza para poder llegar a ayudar a Fredy.
----¡Cuando te de la señal, te hechas a correr antes que me arrepienta!
Dice con frialdad el oficial. Tito lo ve con temor en sus ojos, tan sólo afirmando lo que él le decía con un movimiento de su cabeza.
Esperando la señal, Tito se prepara a correr. El policía veía hacia afuera, ve que el otro se dirigía nuevamente a la parte de la puerta principal y le dice a Tito que corra.
De inmediato Tito lo hace y se dirige hacia el patio. Como lo hacía cuando estaba más pequeño y su mamá no le daba permiso para salir, él se saltaba la pared junto con su fiel amigo (Firulais).
Está vez definitivamente seria aún más peligroso el ser descubierto. Con destreza, pero con mucha cautela Tito se sube a la pared, sigilosamente se desliza y cae hacia el lado de afuera. Inmediatamente se esconde debajo de unos arbustos que estaban al lado del ciprés al final de la propiedad. Respirando muy agitado por el esfuerzo realizado, se agacha para no ser descubierto por el policía que se veía parado en la esquina al frente de la casa. Tito con su vista hacia el suelo, se da cuenta de una gota de líquido rojo que veía caer de una de las hojas del arbusto.

Al tocarla con las yemas de sus dedos se da cuenta que era sangre, sus ojos se movían de un lado a otro con la misma ansiedad que latía su corazón. A su mente llega el aterrador y horrible pensamiento de no haber encontrado a su Mamá en la casa.
De pronto su mirada queda fija llena de asombro, en la parte baja del otro arbusto, pues veía donde se encontraba el agonizante cuerpo de su fiel amigo (Firulais).

Como puede, se arrastra hacia donde está su perro desangrandose. Viendo hacia la esquina para no ser descubierto se acerca más. Las lágrimas humedecían sus ojos pues ve a Firulais con la lengua por fuera completamente llena de sangre. Con mucha dificultad se movía en su esfuerzo por respirar. Él lo acaricia y su mirada se enfoca en el costado del raquítico perro que sangraba incontrolablemente, debido a lo que parecía un impacto de bala.

Esto hacía que el temor desapareciera de la mirada de Tito reflejando la ira nuevamente en sus ojos, pues llega a su mente como eco lo que el policía que lo trataba de atrapar le decía...

----¡Estás igual de bravo y escurridizo que tu Chucho!

Tito ve hacia donde está el policía y se agacha al ver que voltea a ver hacia la parte trasera de la casa. Sus ojos se vuelven a llenar de lágrimas al ver como la respiración de Firulais cada vez era más débil. De pronto con un último suspiro y un movimiento de su lengua el debilitado perro mueve su pata. Toca la mano de Tito como despidiendo se y tan sol en la exhalación de su respiro, su fiel amigo sopla hacia afuera quedando su cuerpo está vez completamente inerte.

Las lágrimas humedecen las mejillas del muchacho que acariciaba a su perro. Con una confusión de sentimientos entre tristeza y coraje veía a los policías en la esquina. Pensaba que la vida era injusta pues hasta su pobre perro, había sido víctima de su mala suerte. Mientras Tito pasaba su mano por el costado de Firulais sabiendo que sería la última vez que lo tocaría, escucha el cántico desde la distancia de lo que pareciera el inconfundible sonido de un sensontle. Por supuesto esto atraía la atención de Tito pues ese mismo sonido era perfectamente imitado por su mejor amigo "Nicho". Quien lo utilizaba cuando de niños en sus travesuras se escapaban de la escuela para ir en aventura al barranco a robarse los elotes y vegetales de las hortalizas que estaban en las faldas de la colina.

Con este silbido imitaban al Sensontle para señalizar la presencia cercana del dueño de las hortalizas y de esta manera no ser descubiertos.

Definitivamente, está vez quizás era la mejor señal que él podía necesitar para no ser atrapado. Tito se da cuenta de donde proviene el sonido y después de ver como los otros policías salen de la casa para reunirse con el que estaba afuera, Tito ve hacia la parte trasera de la casa de su amigo, quien también escondido para no ser descubierto, le hacía señas para que se mantuviera allí.

Tito veía y con su dedo pulgar le hacía la seña, de que entendía lo que Nicho le decía. También se daba cuenta que los policías en la esquina de su casa discutían y el que había tratado de atrapar a Tito, se sobaba la cabeza mientras apuntaba al salvador de Tito con su otra mano.

Después de unos momentos, los ojos de una madre preocupada se llenan de lágrimas al tener ante ella al hijo a quién su instinto de madre le decía que estaba en peligro y que por momentos pensó haber perdido para siempre.
Tito ve a su madre al final del corredor, camina para encontrarse con ella, más el semblante de preocupación era evidente en el rostro de ella.
El, tan solo la ve en silencio, pues aún no tenía una explicación a los acontecimientos y mucho menos al paradero de su papá.
Después de un emotivo abrazo, Tito baja la mirada y sin decir nada va y se sienta en el comedor de la casa de Nicho, donde ambos se reencontraban y refugiaban.
De pronto, en la calle se escuchan los motores de varios carros, Nicho les dice a todos que otras patrullas de policía llegaban al lugar. Por las rendijas de la puerta, los muchachos se asoman a ver lo que acontecía.
Tito se da cuenta que en una de las patrullas llega el comandante que dirigía la cacería humana de la otra noche. El comandante Salazar se baja de la patrulla, e inmediatamente el policía que había tratado de atrapar a Tito, se acerca a saludar a su superior.
De pronto desde la distancia ellos se dan cuenta que el comandante, golpea con violencia el techo del carro, en reacción a lo que su subordinado le informaba.
Lo cual tendría que ser el hecho de que ya habían atrapado a Tito pero que se les había escapado, por la intervención del otro policía que ya se había alejado del lugar.
El policía que manejaba una de las patrullas, le da el micrófono del radio transmisor al comandante. El escucha con atención y después de unos segundos, vuelve a reaccionar violentamente tirando el micrófono hacia adentro del carro. Dando le indicaciones a los dos policías el comandante, se sube rápidamente a la patrulla la cual se aleja a una gran velocidad.

CAPITULO 14

Mientras tanto en el otro lado de la ciudad, Fredy ya se sentía mejor a pesar de haber pasado una noche muy difícil. Acomodando se en el sillón, él le pregunta a Yuli:
---¿Que disparate es ese que te inventaste...el Tito nuestro hermano?

Ella tan solo se queda callada mientras le acomoda las almohadas en el sofá, para que Fredy se pudiera sentar y poder comer el desayuno que ella le había preparado.
Yuli lo ve y con otra pregunta, evade la de él diciendo:

---¿Como te sientes? ---¡Pues muy bien, lo que sea que se tomaba la tía para el dolor está buenísimo! ---Dice Fredy, con una sonrisa sarcástica delineada en sus labios.

---¡Vamos comé, te tienes que poner bien...tenemos que encontrar a Tito!

Dice Yuli quién lo ve con preocupación en su semblante.
El tan solo se queda viendo fijamente hacia la ventana, pensando lo que ella le decía. Tomando un sorbo de café él se le queda viendo y le dice:

---¡Voy a necesitar que hagás unas llamadas! ---Yuli con disyuntiva lo escucha y le pregunta:
---¿No me digás que vas a pedirle ayuda a esa bola de maleantes?
Fredy tan sólo movía su cabeza en negación mientras mordía un trozo de pan con mantequilla.

---¿Cómo sábes que no te van a traicionar? ---¿Sí, así como me dijiste que te traicionó el Mañas?

Aún sin poder hablar por tener la boca llena Fredy continúa escuchando lo que ella le decía, Yuli mostraba la preocupación de no saber que había sido de Tito después de lo que ella le había dicho.

---¡Tranquila!

Dice Fredy que veía como Yuli se alteraba, tan solo moviendo su cabeza en negación y diciendo entre palabras y pedazos de pan en su paladar:

---¡Nono, el Mañas era tan solo un pobre diablo, que sus días estaban contados! ---¿Entonces a quien le vas a pedir ayuda? Pregunta ella que lo veía con mucha impaciencia.
¡Martín! ¡Si él nos ayudará a sacarlos a todos de aquí!
----¿Sacarlos a todos de aquí?

Pregunta la desconcertada muchacha, que no terminaba de comprender, lo que ya Fredy maquinaba en su mente.

---¿Sacar a quienes de aquí Fredy? ---Vuelve a preguntar la linda muchacha quien cada vez se confundía más al ver a Fredy sumergido en la elaboración de un plan, que ella no terminaba de entender.

---¡A todos ustedes, vamos pásame un lápiz y papel te voy a dar el número de Martín! ---¡Pero Fredy, sigo sin entender!
Dice Yuli que comenzaba a irritarse pues no encontraba la coherencia en lo que él le decía.

---¡Mira niña! se van a tener que ir todos para el norte lo antes posible porque si no...!
Fredy se queda callado por un momento al ella nuevamente preguntar:
---¿Si no qué Fredy? ---Pregunta ella con insistencia pues ve el semblante serio de Fredy al quedarse callado.

---¡Vamos ya pase el lápiz y papel! ---Yuli se aleja a buscar lo que él le pedía diciendo le:
---¡Ya no deberías involucrarte con esos mafiosos Fredy y menos involucrar más a Tito en todo esto! --- Ella pone el lápiz y papel en la mesa de centro además de unas pastillas y un vaso de agua.
Viendo la inconformidad de la chica, Fredy con un suspiro y en un tono más tranquilo, le dice:
---¡Niña, ven Siéntate aquí! ---Señalando le con su mano, la invita a sentarse junto a él.

---¡No sé qué disparate es ese, que te inventaste de que el Tito es nuestro hermano...pero te digo que lo menos que quiero es hacerles daño ni a él ni mucho menos a ti!
Ya más calmada ella lo escucha atentamente a lo que él le decía.

---¡Si de verdad quieres ayudar a Tito debes hacer lo que te pido...pues él si se queda aquí cae preso, o lo matan! ---Termina diciendo Fredy con mucha seriedad.
---¿Tito qué está pasando? ---Pregunta doña Teresa que ve la preocupación y temor en los ojos de Tito, al ver como los carros patrulla se alejaban.
---¿Dónde está tu papá? ---Nuevamente pregunta la preocupada mujer, que buscaba explicaciones. Tomándola de las manos, con lágrimas en los ojos, responde:
---¡No lo sé Mamá!
Tito sabe que no podría ocultarle más la verdad y con mucha vergüenza y temor comienza a contarle todo lo acontecido a su madre. Después de un rato, al terminar de escuchar a Tito, Doña Teresa se seca las lágrimas, va y toma su bolsa con un poco de ropa qué había llevado a la casa de doña María. Buscando en el fondo de la misma, saca una caja de madera barnizada de la cual se escucha una melodía musical al abrirle la tapadera, (the enterteiner).
La cual Tito conocía muy bien pues era su melodía favorita desde que era un niño, con la cual su mamá lo entretenía en las noches antes de dormir. El la ve quedarse estática, tan solo escuchando la particular melodía qué resonaba en el interior de la cajita.
Después de escuchar el final de la melodía, suspirando ella remueve la parte del fondo de la caja, donde guardaba una tarjeta la cual parecía tener un nombre y un número de teléfono.
Ella también saca varios billetes, los cuales parecían ser de alta denominación. Con un semblante de tristeza lo ve y le dice:
---¡Nunca quise qué este momento llegara y menos de esta forma, pero hoy tenemos qué hacerlo!
Tito tan solo la escucha, aunque aún sin entender lo que ella le decía. ---¿Pero...de qué hablas Mamá? ---¡Tito, te tienes que ir de aquí hijo, lo antes posible! ---Dice Doña Teresa, poniendo la tarjeta y el dinero en sus manos, nuevamente las lágrimas rodaban por las mejillas de la angustiada mujer.

---¿Irme? a dónde? ---¡Hijo sí te quedas aquí, a ti también te van a llevar preso! ---¡Este, es el número y el nombre de un amigo qué nos ayudará para que te puedas ir Estados Unidos!
Continúa diciendo Doña Teresa, qué aprieta sus manos contra las de él viendo la tarjeta qué había puesto en las manos de su hijo.
---¡Pero Mamá! ¡Yo no me puedo ir a Los Estados y dejarte aquí, además tengo que saber dónde tienen a mi papá! ----Exclama Tito poniendo el dinero y la tarjeta nuevamente en las manos de Ella.
Nicho se acerca y le pone la mano en el hombro a Tito diciendo:
---¡Ya sabes que para lo que sea estamos con ustedes!
Tito tan sólo lo ve y con un movimiento de su cabeza afirma el comentario compartiendo una sonrisa, como agradecimiento a la solidaridad de su amigo.
Después de unas horas La impaciencia de Tito era evidente al pasearse con frecuencia de un lado a otro. Camina hacia la parte de atrás del patio de la casa de su amigo y sigilosamente se agacha detrás de los tendederos de ropa, desde donde ve en dirección de su casa. El muchacho baja la mirada y por sus mejillas eran notorias las lágrimas que brotaban de sus ojos.
---¿Qué te pasa Tito? ---Pregunta Nicho que ve el dolor en el semblante de su amigo, quien tan sólo empuña sus manos ante la impotencia pues desde la distancia, aún veía el cuerpo inerte de su perro bajo los arbustos.
Tito fija su mirada en el patio de su casa, específicamente hacia los jocotales y nuevamente se da cuenta como en uno de los árboles las hojas se movían con el viento, sin embargo, las del otro estaban completamente estáticas. Sin ver a su amigo a los ojos, tan sólo viendo el árbol el responde:
---¿Vos crees en los ángeles de la guarda? ---Nicho ve a su amigo y sin entender responde con titubeo en sus palabras:
---¿Yo? pues nunca he visto al mío!
Aún con lágrimas en los ojos Tito dice: ---¡Yo Si! el mío está en mi casa!
La disyuntiva en el semblante de Nicho era acompañada con el movimiento de sus ojos al ver la seriedad en el rostro de Tito y a la vez también ver hacia los árboles más no captar lo que su amigo veía.
El atardecer hacía su ultimo destello en la lejanía del horizonte, con una bella gama de colores que anunciaban el final de otro día.
Las horas habían pasado, durante todo el día Tito y su Mamá no habían podido salir de la casa de Nicho. Sin embargo, en una de

las veces que la mamá de Nicho lo había mandado a la tienda por provisiones, pues después de todo habría otras bocas que alimentar, la Mamá de Tito le había pedido a Nicho, sin que su hijo se diera cuenta, que le hiciera el favor de ir a donde doña Olga para hacer una llamada. Dándole la tarjeta que ella había puesto en las manos de Tito y que había rechazado...

Después de unas horas, Nicho había regresado de la calle, evadiendo ser visto por los policías, que todavía vigilaban la casa de Tito. Los dos muchachos platicaban en la sala...

---¿Tito? ¿No crees que deberías hacer lo que te sugiere tu mamá? ---Pregunta Nicho.

Recostado en el sofá, Tito tan solo ve hacia el cielo raso pues pareciera buscar en su pensamiento una respuesta a lo que nuevamente llenaba su mente de frustración. Unos segundos después de haber oído lo que su amigo le decía, se incorpora sobre el sillón, tomando se la cabeza con las manos y con su mirada ahora concentrada en el piso, dice:

---¡No puedo dejar a mi mamá sola y mucho menos sin saber dónde está mi papá! ---¿Pero Tito...? ---Comenzaba a decir Nicho, cuando Tito lo interrumpe diciendo en una forma alterada:

---¿No puedo huir como una rata y un cobarde? que no lo entienden?

Termina diciendo Tito en un tono alterado. De pronto se escuchan voces en el corredor que conectaba con la entrada principal. Tito ve a su amigo, reflejando preocupación en su semblante. La mamá de Tito entra a la sala y Él se sorprende pues ve que detrás de ella, llegaba un personaje desconocido para él.

Mostrando nerviosismo con el movimiento de su garganta, su mayor asombro se generaba al ver a otra persona más, que también entraba a la sala. Aunque en una forma tímida en el semblante de ella, Tito se asombraba ver también allí a Yuli. Tito ve a su Mamá, como pidiendo una explicación, dándose la vuelta, evadiendo la mirada de Yuli, que con ansiedad trataba de encontrar la de él.

---¡Tito, él es mi amigo Martín! ---Dice Doña Theresa, Tito con disyuntiva y aun tratando de ignorar la presencia de Yuli, extiende su mano para estrechar la de Martín, que se acerca a Él con una sonrisa pasiva, pero con emoción.

Al sentir el fuerte apretón de mano de Martín, Tito se siente un poco avergonzado cuando el también aplica fuerza en su mano y escucha a Martín decir: ---¡Mucho gusto Tito...Tienes un saludo firme en tu mano como el de tu Padre, ¡señal de honestidad muchacho! ---Dice Martín.

Un personaje de aproximadamente 45 años, que presentaba una apariencia determinante y también de un buen vestir.

Cuya presencia producía respeto y también una gran capacidad intelectual. Que se reflejaba en sus ojos detrás de aquellos lentes al muy popular estilo de John Lennon o quizás del mismísimo Mahatma Gandhi. Lo cual lo hacía verse de más edad como un eminente profesor de universidad.

Después de ser presentados, la mamá de Tito y doña María, se disculpan y se retiran a la cocina a preparar algo de comer. Yuli, ofrece ayudarlas, al retirarse con ellas voltea a ver a Tito y logra captar su mirada, dibujando tan solo una sonrisa tímida en su expresión.

Después de presenciar ese momento de miradas intensas, Martín le dice a Tito: ---¿Me imagino que ya sabes porque estoy aquí?

Perdido en el pensamiento, a pesar de haber escuchado lo que él le decía, Tito se queda analizando, que porque Yuli había llegado con este individuo. ---¡Tu Mamá me ha pedido que te lleve conmigo a

----Estados Unidos! ---Dice Martín, los ojos de Tito se llenan de disyuntiva, pero con convicción el responde:

---¡Mire señor! ¿Supongo que, si conoce a mi Mamá, también ha de conocer a mi Papá?¡Él fue detenido, se lo llevaron arrestado por un crimen que no cometió!

---¡Yo no me puedo ir y dejar sola a mi mamá y sin saber nada de mi Padre!

Termina diciendo Tito en una forma alterada, lo que atrae la atención de la Mamá de Tito y de Yuli que tan solo ven la reacción del muchacho desde la cocina.

---¡Lo sé, tu Papá está bien, ¡lo tienen detenido, pero él está bien! dice Martín que ve la frustración del muchacho, exteriorizarse al cuestionar:

---¿Y usted como sabe eso?

La Mamá de Tito, se acercaba a la mesa con unas tasas de café. Ve la ansiedad de su hijo y al mismo tiempo ve a Martín...

Le da una de las tasas y con un gesto de aprobación, le indica que estaba bien pues El, la miraba y pensaba que era hora de que Tito supiera algunas realidades que obviamente el muchacho desconocía.

---¡Tu Papá, fue detenido porque Rodríguez, apareció muerto dentro de su carro con un balazo en la cabeza! En la investigación, que se inició muy rápidamente lo cual no es nada común en este país, a menos de que hallan otros intereses de por medio. Se estableció, que el viernes los últimos que estuvieron con Rodríguez en su oficina, fueron una mujer llamada Claudia y posteriormente tu Papá. Lo cual corroboró la secretaria de Rodríguez, agregando que él había salido rápidamente de su oficina después de haber hablado por unos minutos con tu padre. Quien a su vez salió molesto porque Rodríguez lo había dejado tan repentinamente.
En el carro de Rodríguez, además de otras cosas, encontraron un pañuelo blanco con las iniciales C.A....
 Bordadas en una de las esquinas, que estaba manchado de sangre de Rodríguez.
cuando vinieron a tu casa comprobaron que el pañuelo efectivamente pertenecía a tu Papá! ---Termina diciendo Martín.
Los ojos de Tito se movían de un lado a otro, al escuchar todo esto, a lo cual responde.
---¡Pero mi Papá no lo mató!
Dice Tito mirando a Martín... Volteando a ver a la vez a su Mamá.
---¡Por supuesto que no...Creemos que el que mando a matar a Rodríguez, fue el comandante Salazar, pues él siempre ha querido tomar control de la venta de estupefacientes, la cual Rodríguez, ¡siempre tuvo el control!
En ese momento Tito recordaba la insistencia de Yuli para que Tito no se involucrara con Rodríguez. También recordaba, lo que el comandante le gritaba al Mañas en el callejón, con respecto a Fredy, que se estaba interponiendo entre el (el comandante) y Rodríguez.
No dejaba de asombrar al muchacho, la convicción, con la que este personaje le decía todo esto. Con aun más dudas en su mente, también pensaba, que tanto sabía de todo esto su Mamá.

En una forma irónica, Tito dice: ---¡Quizás, Fredy puede decirnos realmente quien mató a Rodríguez!

Yuli tan solo ve a Tito por unos segundos e inmediatamente baja la mirada.
---¡Después de todo el pertenece a una de esas pandillas!
Agrega Tito a su comentario, aun con más ironía.

---Martín, voltea a ver a Yuli, a quien se le veía tratar de ocultar su tristeza y las lágrimas que humedecían sus ojos. Luego Martín se para y camina hacia uno de los muebles y toma en su mano una bandera en miniatura en la que resaltaban sus colores Azul y Blanco.

---¡Tito, desde hace un poco más de veinte años, tengo el honor de conocer a tu Papá y a tu Mamá!
Tomándola de la mano, ve a doña Theresa y continúa diciendo:
--¿Te acuerdas...? ¿Desde nuestros días de escuela Verdad?
Estas palabras traían recuerdos a la mente de Doña Theresa, quien, a pesar de todas sus penas, se le dibujaba en los labios una sonrisa en aprobación a los comentarios de Martín quien continuaba su discurso.
----¡Desde entonces somos muchos los que hemos estado tratando de cambiar el rumbo de nuestro país! El cual por generaciones ha estado esclavizado por la corrupción. Oponiendo nos a la injusticia y al abuso de esos que tienen el poder y que lo han adquirido en su mayoría con el engaño a un pueblo. El cual no termina de unirse y organizarse, para lograr el rompimiento de un círculo vicioso que no nos ha dejado crecer.
En este afán, hemos creado un movimiento social y político que ha tenido mucha dificultad para permanecer vigente.
Desgraciadamente no contamos con el apoyo financiero aun, para entrar en paridad de condiciones políticas y pelear el control de nuestro país. ¡Todo esto nos ha obligado a recurrir a cualquier forma en la cual podamos obtener recursos financieros!

Tito, aunque cautivado, por todo esto que escuchaba, no terminaba de entender, a lo que Martín continuaba diciendo
----¡Fredy, como muchos de nosotros también ha tenido el espíritu de libertad y revolución! ----Ha decidido, infiltrarse en el negocio ilícito de drogas, para obtener recursos económicos y de alguna

forma ayudar a la ideología. ¡Desafortunadamente, la avaricia y la traición se ha hecho presente en muchos que decían ser fieles a nuestra ideología!

Tito a pesar de ser tan joven, comprendía exactamente el concepto de este movimiento ideológico en favor del bienestar del país.
Sin embargo, lo confundía la estrategia de hacer algo ilegal, para acabar con lo corrupto.

Después de todo, Rodríguez como tantos funcionarios corruptos, han llegado a tener dinero y poder mediante la ilegalidad que se genera en un país como este. Regido por la corrupción, donde sobrevivir en ella ha sido una tarea de aprendizaje durante generaciones.

Donde los que pudieron resolver no lo hicieron pues para ellos tampoco fue resuelto.

Dándoles el beneficio de la duda, podríamos asumir, algunos han llegado con la intención de hacer cambios, pero que ya al estar allí, como dice el dicho popular:

"Ya estar metido en el ruedo con los toros, no es lo mismo que verlos desde la barda".

Y si a eso le agregamos la negligencia cívica y patriótica de la ciudadanía, quienes han preferido quedarse mejor a ver a los toros desde la barda, sin tomar responsabilidad a participar. Esperando en cada elección electoral a esos que, como Moisés a los judíos, nos han ofrecido, "La Tierra Prometida".

Sin embargo, muchos optan por seguir su convicción honesta y silenciosamente tratan de que con su trabajo decente surge dicho y anhelado cambio.

Otros en su mayoría, son cautivados por el brillo del Oro y el sentimiento de prepotencia que les da el poder.
Además, debemos aceptar la incapacidad de decisión y de unión que hemos tenido para el bienestar colectivo, mediante la organización popular.

En una sociedad que ha sido adiestrada a conformarse con lo mínimo. Esperando tan solo las migajas que nos quieran dar, soñando con el día que alguien venga nuestros problemas a resolver.

Tito tan solo escuchaba con atención lo que este hombre decía, pues el, mencionaba la importancia y necesidad de la unión de la población, mediante la organización para lograr los cambios tan necesitados en este país.

Hacia énfasis en la creencia y compromiso a una ideología. Mencionando la hazaña heroica que habían organizado pueblos enteros en busca de libertad.
Como, por ejemplo:

"Revolución Francesa"

Así como también, el movimiento que organizan Fidel Castro y Che Guevara en "La Revolución Cubana". Quienes logran derrocar al presidente Batista y toman control de La Habana el 1 de junio de 1959.

Años más tarde también otro grupo se organizaría logrando un efecto similar en Nicaragua cuando el movimiento Sandinista toma el poder en Managua, derrocando al presidente Somoza.
Motivados por la ideología Marxista, que busca la igualdad de derechos para todos los habitantes, con el fin de la eliminación de las clases sociales y así terminar el abuso y explotación de los pobres.

Un pensamiento perfecto y puro. Por supuesto visto desde su raíz pero que desafortunadamente, imposible de llevar a cabo. Siendo esta ideología destruida en lo más sublime de su esencia, por la manipulación de líderes con ambición y sed de Poder.

Donde El Egoísmo y La Traición, son flagelos arraigados en una Sociedad Corrupta donde estos personajes han buscado únicamente sus propios intereses y ambiciones.

Usando esta ideología como combustible para mover grandes y pequeños grupos en su afán de oposición, dando en muchos casos falsas esperanzas de libertad a todos esos que día día viven oprimidos.

Después de haber escuchado a Martín, Tito pensaba que quizás eso era lo que lo hacía identificarse con Fredy y quizás con esta ideología, pues a pesar de ser tan joven ya sabía la problemática diaria en este país.

Donde la corrupción no dejaba que su población se superara, creando niveles de desempleo e inestabilidad social entre tanta violencia. Donde lo única opción que quedaba era la de conformarse o buscar en otros lugares una mejor oportunidad.

Viendo también como personas decentes y honestas como su Papá, no podían tener una mejor oportunidad a menos que se involucraran también en la ilegalidad. Martín, era un abogado quien tenía acceso a muchas fuentes de información, con las cuales había logrado saber dónde exactamente tenían detenido a don Carlos.

Así se había enterado de los planes del comandante Salazar.

Tito con ansiedad quiere saber que será de su Papá y cuándo y cómo el podrá salir de la cárcel. A lo cual le dice que aún no lo sabe, pero que él y Fredy se encargarán de sacarlo lo más rápido posible.

También le explica que no será fácil y que la oportunidad de irse al norte es lo mejor por la situación en la que él está, pues sabe que no será seguro continuar allí sabiendo que la policía corrupta, comandada por el comandante Salazar los anda buscando.

CAPITULO 15

Después de haber escuchado a Martín, Tito se da cuenta que el semblante de su Mamá se veía más tranquilo, al oír como El aseguraba que su Papá estaba bien y que muy pronto lo sacaría de la cárcel.

Después de terminar de comer, el interrumpe la sobremesa agradeciendo los alimentos a Doña María. Tito se levanta y comienza a recoger sus platos a lo cual Doña María le dice que no era necesario. Tito, sin embargo, quería irse de la mesa para evitar la mirada de Yuli, quien, durante toda la cena, buscó encontrar la de él.

Inmediatamente, Nicho se levanta y sigue a Tito que se disculpaba saliendo del comedor hacia el patio de la casa. En la obscuridad de la noche con tan solo el brillo de la luna, Tito ve fijamente hacia el patio de su casa. Su Amigo se acerca y le ofrece un cigarrillo. El, sin embargo, pareciera estar perdido en el pensamiento. En un segundo intento se da cuenta, lo ve y lo toma de la mano de su amigo quien procede a encenderlo. El resplandor que producía la Llama del cerillo alumbraba el rostro lleno de incertidumbre en aquel muchacho que mostraba brillo en sus ojos, a pesar de la obscuridad de su futuro.

----¿Tito no me habías contado nada de esa tu amiguita? ----Dice Nicho en una forma sarcástica, pero juguetona tal y como acostumbraban ellos a bromear.

----¿Quién es la chavita?
Tito tan sólo lo ve y dice...
----¡No lo sé...Ella dice que es mi hermana! ---Los ojos color avellana de su amigo, se abren en asombro.
----¿Pero?
Comienza a preguntar Nicho, más Tito le dice que no sabe y que no lo puede explicar.

De pronto, la silueta de Yuli se veía parada en la puerta ellos se dan cuenta y hacen una pausa en su conversación.
---¿Tito, podemos hablar?
Pregunta Yuli, el sin responder, tan sólo voltea a ver a Nicho, que, a su vez, se le queda mirando fijamente a la bella muchacha, que reflejaba preocupación en su rostro que tan solo miraba a Tito.

Un momento de silencio incómodo hace reaccionar a Nicho que comprende lo que era obvio, tomando la mano de Tito Nicho le da la cajetilla de cigarros. Pone su mano en el hombro de su Amigo y viéndolo con la intensidad en aquellos ojos color avellana, le dice en voz baja.
----¿Si necesitas mi ayuda? ----¡Estoy allá adentro..."CUÑADO"!
Tito sonríe al sarcasmo oportuno y humorístico en el comentario de su amigo, que lo hace dibujar una sonrisa en su boca a pesar de incertidumbre del momento.
Con la espalda hacia Yuli, Tito continuaba viendo hacia la parte trasera de su casa, como esperando ver que las hojas de los jocotales se movieran otra vez.
Yuli se acerca a él y le dice. ----¡El sábado en la mañana, cuando te fuiste de la casa de mi tía, después de darle los calmantes a Fredy, él se pudo quedar dormido y yo aproveche, para darme un baño! Buscando artículos de higiene personal en el mueble de mi tía, en una de las gavetas, ¡encontré un paquete abierto o mejor dicho un paquete que nunca fue cerrado!
La indiferencia a las palabras de Yuli era evidente a los oídos de Tito, que aún no la veía a los ojos, sin embargo, su atención hacia ella cambia al ella continuar diciendo. ----¡Mi curiosidad en este paquete, aumentó cuando vi el nombre de tu Papá escrito en la parte de adelante del paquete...El cual tenía en su interior una foto de mi madre en donde esta abrazada con tu papá!
Tito voltea a ver a Yuli pues al escuchar lo que ella decía de su Papá. Genera una gran incógnita en su pensamiento. Yuli ve la reacción en los ojos del muchacho, y hace una pausa, pero enseguida, continúa diciendo.
----¡Adjunto a la foto adentro del paquete, también había este pañuelo blanco!
El cual inmediatamente cuando ella se lo da, Él se da cuenta que dicho pañuelo estaba decorado con las iniciales.
"C.A.".
El pañuelo, pareciera haber quedado suspendido en el tiempo pues parecía que había estado guardado por muchos años. Sin embargo, cuando el intrigado muchacho lo toma, lo lleva cerca de su nariz y siente que aún conservaba el olor perfumado de una fragancia masculina.

Tito sin decir nada recuerda el momento cuando El, acercaba a Yuli a su cuerpo para que los policías no la vieran a la salida del hospital. También recordaba lo que ella decía en su comentario con respecto a que le gustaba el olor de su loción, a lo que él le había respondido que le había robado un poco del frasco de su Papá.

Al sentir la fragancia en el pañuelo Tito pensaba que se parecía mucho a la de su padre. Después de hacer esta pausa en su pensamiento, el continúa escuchando a Yuli que también le dice a Tito lo siguiente.

----¡Además del pañuelo, también encontré una carta dirigida a tu Papá, que la escribió mi tía Carmen!

Los ojos de Tito se abren en asombro y con aún más disyuntiva espera que Yuli le diga el contenido de la carta.

Ella se mete la mano al abrigo, y saca una hoja de papel y se la da. Tito la toma con nerviosismo y acercándose a la parte iluminada de la ventana, despliega el papel y comienza a leer...

Guatemala, 15 de abril de 1955.

Estimado Carlos, espero que al recibo de la presente te encuentres bien.
Tengo la gran tristeza de informarte, que hace tres días a las 8:00 pm falleció mi hermana María Isabel. Ella tuvo muchos problemas a la hora de dar a luz a sus hijos Yuli y Fredy. Un par de mellizos preciosos. Dicho embarazo, quiso mantenerlo en secreto lo más que pudo, especialmente antes de que tú te fueras y ella se negara a irse contigo, lo cual causaría su rompimiento. Ella al parecer no quiso interferir con tu decisión de irte a trabajar al interior.
Yo llegué de Occidente hace algunos días y aún no sé qué debo hacer.
Pensé que querrías conservar esta foto de mi hermana y creí era mi deber informarte lo.
Con la esperanza de obtener tu ayuda espero tu respuesta, pues no sé qué será de los niños.
Atentamente:

Carmen.

Tito baja la mano que sostenía la carta y tan sólo ve a Yuli. Ella también lo veía y se daba cuenta el semblante de disyuntiva que el muchacho, reflejaba en su cara aún sin poder creer lo que había leído.

Como si fuera una película que se movía en cámara rápida, las escenas de todo lo acontecido, pasaban por su mente. El estruendo del disparo en el callejón, la carrera por la vida en aquel interminable corredor, así como el extraño episodio en Mixco. La ve pasar como un flas, el momento cuando estuvo a punto de matar a el que de acuerdo con esa carta pareciera ser su hermano. También llega a su mente el mágico momento que encontró al ver los bellos ojos de Yuli por primera vez. Más ahora esa sensación hacia Yuli era confusa e inexplicable.

Con nerviosismo enciende otro cigarrillo y lo fuma con incertidumbre y desesperación. De pronto Nicho sale al patio en una forma repentina y con una voz agitada les dice que Martín y su Mamá los llamaban.

Inmediatamente, Tito entra y ve a su Mamá nuevamente con el semblante de preocupación.
----¿Qué pasa?
Pregunta Tito...

Martín responde de inmediato mientras doña Teresa, se sienta en la silla con preocupación en su rostro.
----¡Hemos estado todo el día tratando de sacar a tu Papá en libertad bajo fianza, pero por órdenes de Salazar, no lo habían permitido, sin embargo, el juez con el que se litigó hace unas horas cambió su decisión y acepto la fianza...Tu papá...quedó en libertad!
Tito no entendía el porqué de la reacción de ellos, a lo que parecía una buena noticia después de todo.
----¿Pero ¿qué pasa?
pregunta Tito que ahora veía a su madre bajar la cabeza y verse aún más angustiada.
----¡Lo que pasa es que el comandante Salazar había Ordenado que se le impidiera la salida por medio de la libertad bajo fianza! Creía que mataría dos pájaros de un tiro. Teniendo preso a tu papá, pensaba sería más fácil atraparte y así por medio tuyo llegar a Fredy. A la vez lavarse las manos en el asesinato de Rodríguez, donde según la ya tenía un culpable. ¡De manera pues que fue una estrategia el dejar ir a tu padre con la intención de atrapar a Fredy!

Tito escuchaba con atención a lo que Martín continuaba diciendo...
----¡Creemos que por eso lo dejaron ir! Hace como una hora fueron interceptados por elementos de Salazar, cuando se reunían con Fredy. El con algunos de nuestros camaradas se disponían a llevarlo a un sitio más seguro.
Hubo un enfrentamiento armado hay varios muertos y heridos.!
Al terminar de decir esto Doña Teresa baja la cabeza y comienza a llorar. Tito ve a su mamá y su asombro es total. Sin embargo, Martin les dice....
----¡Tu Papá fue herido, pero está bien y a salvo...Nos mandan a decir que los tenemos que sacar de aquí de inmediato. Ya Salazar se ha enterado y viene hacia acá con un pelotón del ejército. ¡Tu papá les manda a decir, que se lleven todo lo que hay en la caja del ropero!

----De inmediato Tito ve a doña Teresa y sabe exactamente de qué caja se trata. Era la caja de metal que don Carlos había instalado entre el ropero, para guardar documentos importantes y algunos ahorros.
Dicha caja había sido colocada detrás de donde se colgaba la ropa para que no fuese vista.
---- ¡Vamos no podemos perder más tiempo! ---¡Tengo que ir a la casa! ----
---¡Mamá dame la llave de la caja!
Dice Tito, acercándose a su Mamá
---¡Pero Tito la casa todavía está vigilada! ----¡No te preocupes nosotros nos encargamos de eso!
Le dice Martín a doña Teresa.
----¡NO! Exclama el muchacho diciendo imperativamente----¡No más muertos por favor!
Martín lo ve y afirma con su cabeza el pedido de Tito. Sin embargo, cuando el muchacho se acerca a recibir la llave de su mamá, Martin con una seña de sus dedos apuntando sus propios ojos le indica a uno de sus muchachos lo que quería que hicieran. Obviamente él les indicaba que se mantuvieran atentos para cuando Tito entrara a la casa.

Tito sigilosamente, se desplaza entre los matorrales y llega nuevamente a su casa, ágilmente se sube a la pared y cae hacia la parte de adentro. La obscuridad es total su respiración es intensa, pero trata de movilizarse lo más despacio posible, para no ser descubierto.
Ve hacia el jocotal y ve las hojas moverse con el viento, por algún motivo que no podía explicar vuelve a sentir esa paz que lo tranquilizaba. Entra muy despacio a su casa por la puerta del patio que también se movía con él va i ven del viento, el rechinado de la vieja puerta era notorio. El trataba de abrirla muy despacio pues en cualquier momento delataría su presencia.

Cuidadosamente camina por medio del corredor. El oye que los policías están en la sala hablando. Se detiene y escucha lo que uno de ellos le decía al otro.

----¿Te fijaste que el carro que llegó a la casa de allá todavía está allí y el de la moto que también acaba de llegar ya no pasaron de regreso?
Dice el policía que había atacado a Tito.

----¿Tal vez allí viven? ---¿Oye a qué hora crees que nos van a venir a relevar?
----¡No lo sé, ni se cómo averiguar, porque la patrulla que nos dejaron no tiene radio! ---¿Vos cerraste la puerta del patio? ---¿No, por qué?
----¡Pues! ¡No se vos, pero yo como que oigo ruidos y es que allá atrás se siente una sensación bien rara!
Decía el otro policía con temor en sus ojos...
----¿Vos crees en los Espíritus?
Comenta nuevamente el atemorizado policía...
----¿Que me vas a contar cuentos de Espantos? ¡Espero que estén buenos porque El de la Llorona y el del Cadejo ya me los se!
Le dice el otro riéndose....

¡No hombre enserio se oyen ruidos!... ¿Yo todavía no entiendo quién fue el que te pego pa que no agarraras al patojo?

¡No seas marica...Ya te dije que el que me pego fue el Serote de Gutiérrez!

Mientras tanto, Tito ya había entrado a La habitación de sus papás para abrir la caja de metal adentro del ropero. Enciende un fósforo para alumbrar y poder sacar el contenido de la caja. Adentro de la misma el extrae varios documentos y una considerable cantidad de billetes sujetados por hules (correas elásticas).
Para su sorpresa también saca una escuadra calibre 45 del interior de la caja. De pronto en su urgencia vota la pistola la cual hace ruido al caer sobre uno de los muebles, esto atrae la atención de los policías.
El que había estado hablando de los espíritus le dice al otro...
----¡Te dije que se oyen ruidos allá atrás! ---¡Bueno pues vamos a ver quién es el espíritu! ---Dice el otro policía, que saca su linterna y pone su mano sobre la pistola que tenía en su funda.

Las luces del corredor se prenden y Tito piensa que está siendo descubierto. Recoge la pistola y la bolsa donde había puesto el dinero con los documentos.
Ve por la rendija y se da cuenta que los policías se acercaban uno detrás del otro. Espera la oportunidad detrás de la puerta para escapar y cuando ve que uno de ellos estaba allí mismo. Tito le pega un portazo en la cara y sale corriendo. Al caer el policía saca su pistola y dispara contra Tito, quien corría hacia la puerta del patio. El muchacho es alcanzado por uno de los disparos cayendo al final del corredor. Al caer al suelo debido al impacto de la bala que le pegaba en la cabeza, Tito dispara la pistola que llevaba en su mano derecha contra los policías que se acercaban. Tito en el suelo trata de levantarse, pero no puede pues su visión se comienza a nublar. Se toma la cabeza con la mano derecha que había soltado la pistola, después de disparar pues veía caer a uno de los policías. También ve a una silueta al principio del corredor, empuñando una pistola detrás del otro policía. Se da cuenta que ese policía iba a disparar contra el a medida que se acercaba. Sin embargo, levanta las manos soltando su pistola, como dándose por vencido. Tito confundido ve que tiene sangre en su mano y después de tocarse la cabeza ve como todo en la periferia de su visión comienza a dar vueltas.
Nuevamente como *flash*, las imágenes de lo acontecido llegan a su mente...

----(*¿yo?¡me llamo Tito!...¡mucho gusto yo me llamo Yuli!.¡Patojo felicidades, vas a ir a almorzar con la mujer más bella de este edificio!..¡Tito no lo hagas Fredy es nuestro hermamamamamamanonononooooo!.*)

El sonido hacía eco en su mente pues poco a poco perdía el conocimiento. En su inconsciencia el muchacho veía a su alrededor. Parecía este, un lugar con una completa tranquilidad. Donde el dolor y la sensación de ardor que tenía en su cabeza, ya no la sentía.
De pronto....
----*¡Vamos levántate tienes que irte!*
Escuchaba Tito una voz que le decía desde la lejanía.
Poco a poco el muchacho recuperaba su visión por unos momentos. Aunque aún nublada podía distinguir a esa silueta del muchacho de pelo ondulado que le hablaba. Tito trata de tocarlo, levantando su mano, pero no puede.

Haciendo una pausa la pregunta.
----¿Quién eres? ---¿Tu eres mi ángel de la guarda verdad? ---¡No te preocupes, tienes que despertarte!
Responde la voz.
----¿Vendrás conmigo?

Pregunta Tito.
----¡Yo siempre voy a estar contigo, tan solo dile a mi Mamá y a todos que estoy bien!
Dice la voz de la silueta a lo cual Tito afirma con un movimiento leve de su cabeza...Su visión se le nubla nuevamente y Tito no ve más la figura de aquel muchacho de pelo ondulado. Trata de buscar la silueta nuevamente pero el enfoque de sus ojos era nulo y tan sólo veía como todo se obscurecía.

Sin embargo, el escuchaba que alguien más le hablaba. Por algún motivo ya no podía responder y únicamente trataba de procesar las palabras que se oían como en el eco del interior de un largo túnel.
----¡Tito! ¡Tito! ----¡Vamos respóndeme...soy yo, Yuli!
Decía la muchacha con lágrimas en sus ojos, haciendo una pausa, exclama:

----¡MARTÍN! ¡MARTÍN! ¡AQUÍ ESTA!
Gritaba angustiada la muchacha, que toma Patito en sus brazos al dejar caer, el revólver que tenía en su mano pues veía que Tito, sangraba de la cabeza.
Martín, entra de inmediato, se acerca viendo la escena de muerte en aquel corredor y acude al final de este, donde Yuli trataba de hacer que Tito reaccionara.

----¡PACO! Grita Martín por la ventana tratando de llamar a uno de sus muchachos...
----¡PACO! TRAÉ EL CARRO! ----¡Vamos tenemos que sacarlo de aquí! Martín como puede cargar a Tito y con la ayuda de Yuli lo llevan a la parte de enfrente, donde Paco ya llegaba con el carro y en el cual se veía a doña Teresa, angustiada pues veía que sacaban a Tito de la casa cargado y con sangre en la cabeza.

El muchacho que había llegado a la casa de nicho en la motocicleta se ve llegar a toda velocidad, proveniente de la carretera principal, donde había sido enviado para vigilar la llegada de la policía.

----¡Martín, tres camiones con soldados viene hacia acá!
Les dice al detener la moto a un lado del carro. Martín queda pensando como podrán evitar ser interceptados.
----¡Se pueden ir por el barranco, y salir a San Cristóbal!
Dice Nicho que ve con preocupación a su amigo inconsciente adentro del carro...

CAPITULO 16

Unas semanas después Tito se reuniría brevemente con su Papá en una región del país donde trataban de esconderse. Donde serían obligados a tomar la decisión de emigrar a Estados Unidos, más rápido de lo que pensaban.

La falta de garantías en un país con alto nivel de pobreza, desempleo y desigualdad. Que al final de esa década y principio de la siguiente, entraría en una etapa política y social muy difícil. Obligaría a muchos a tomar esa decisión y escapar. La problemática del país era evidente, donde los movimientos guerrilleros en contra del gobierno que tomaría el poder tomaban fuerza creando una inestabilidad en la ciudad donde los ataques bomba y las manifestaciones estaban a la orden del día.

Así, iniciaría uno de los periodos más difíciles y tristes en la historia de este país, al igual que también en varios países de la región Centroamericana.

La cacería humana por parte del gobierno en contra de estos grupos sería apoyada por los Estados Unidos. Con una política exterior enfocada en la eliminación de estos grupos subversivos que profesaban una ideología comunista. Esa política financiaba a los gobiernos y sus ejércitos sin importar los métodos que utilizaban para conseguir su propósito. Ni mucho menos importándoles la gran cantidad de gente inocente que sería afectada. Haciendo que estos grupos revolucionarios se movilizaran en las áreas rurales del país.

Habitadas en su mayoría, por las comunidades indígenas donde estos grupos trataban de buscar apoyo reclutando campesinos. Propagando la subversión con el fin de oposición ondeando en su bandera la ideología de una libertad imposible de lograr.

Esta guerra inútil, costaría la vida de muchas personas inocentes (aprox. 200,000 Indígenas). Quienes se verían atrapadas en medio de dos fuegos. Una batalla sanguinaria, con el único propósito más que el de la adquisición del poder y de sus intereses políticos.

Cientos serían ejecutados como traidores, por negarse a participar o apoyar a cualquiera de los dos lados. Obligando a miles de personas a dejar lo todo y huir.

(Hasta el día de hoy, cientos de refugiados aún están en territorio mexicano y otros más que emigraron a Estados Unidos).

En muchos casos buscando sobrevivir a una persecución nefasta y otros por el sueño de un mejor futuro en cualquier lugar donde pudieran vivir en paz.

El reencuentro de Tito y su padre fue muy emotivo. Él y su Mamá habían sido trasladados hasta el departamento de Huehuetenango. Irónicamente a una aldea cercana al pueblo llamado La Libertad. Habían sido llevados hasta allá por amigos de Martín con el fin de estar cerca de la frontera con México.

Donde muy pronto iniciarían la travesía a través del vecino país con destino a Estados Unidos.

Tito después de haber se reencontrado con su Papá, sentía la necesidad de hablar a solas con él. Ya habían pasado varios días y entre ellos también había muchas cosas que aclarar. Esa misma tarde salieron a caminar a los alrededores de aquel bello lugar, entre majestuosas montañas y los cerros aledaños cubiertos de cafetales.

Sentados en una piedra a la orilla de un río que pasaba muy cerca de la casa donde se encontraban, Tito le contaba a su Papá lo que él iba dispuesto a confesarle el día que se lo llevaban preso.

En el desarrollo de la conversación, era imposible obviar la existencia de Yuli y Fredy. Después de todo ellos definitivamente eran gran parte de lo que él le decía. Además, El, necesitaba saber todo lo que su Papá tenía que decir.

Don Carlos le dice....

----¡Yuli y Fredy llegan esta noche, Martín los traerá!

Después de haber escapado de la casa de Tito ellos se separaron de Yuli.

Quien posteriormente se reuniría con Fredy mientras Tito y su Mamá, eran llevados rápidamente a Chimaltenango para atender la herida que el muchacho llevaba en la cabeza.

De manera que Tito también tenía varios días sin haber visto ni saber de ellos dos. En ese momento Tito le pregunta a su papá.

----¿Papá, porque nunca me dijiste que yo tenía un hermano y una hermana?

Don Carlos baja la mirada, sonríe y se queda con la mirada fija escuchando el correr del agua sobre las piedras. Después de una pausa la ve a su hijo y le dice.

----¡Antes que me casara con tu Mamá, yo fui novio de María Isabel, una muchacha que conocí en un baile y a quien quise mucho, pero que...!

El papá de Tito hace una pausa y nuevamente se queda pensativo como si a su mente llegaran recuerdos de su juventud.
----¿Ella era La Mamá de Yuli y Fredy verdad? ----¡Si! ¡pero tu como lo sabes?...
De pronto cuando Tito le iba a decir lo de la carta....

----¡TÍTOOOO!¡TÍTOOOO!

Se escucha una voz desde la parte alta del camino, que lo llamaba con emoción. El muchacho voltea a ver y sus ojos se abren en asombro. También mostrando una gran felicidad, la cual trataba de ocultar con el delineamiento de una sonrisa discreta y nerviosa en su rostro. Era traicionada por los latidos de su corazón, que pareciera se le saldría del pecho de la alegría.
Entre esa sonrisa de regocijo, él dice:
----¿Yuli? ----¡Claro que es ella, andá saludarla!
Dice don Carlos que ve a la linda muchacha correr hasta donde estaban ellos.
Tito lo ve y tímidamente le sonríe, sube desde la ribera del río a la orilla del camino y con reserva acepta el abrazo al que Yuli lo invitaba con sus brazos abiertos.
La intensidad de sus cuerpos en aquel tan esperado abrazo, formaban una alianza que pareciera que nada ni nadie podría separar nunca más. Sus frentes quedaban unidas al verse el uno al otro profundamente a los ojos.
La magia de ese momento sin embargo se terminaba, cuando a los oídos de Tito llega el saludo de Fredy que se acercaba desde la parte alta del camino. La belleza del momento se transformaba para Tito en una aberración, por la confusión de sentimientos que el muchacho tenía.
----¡Hola Fredy!
Dice Tito con reserva, en medio de la confusión de sensaciones y también por todo lo que había pasado. Fredy extiende su mano y lo jala abrazándolo con una gran emoción. Lo toma de la cabeza y le dice.----¡Me alegra mucho verte! ----¡A mí también!
Responde Tito que sonríe tomándolo del hombro, de inmediato quita su mano, pues se daba cuenta que era el hombro en el que lo habían herido.
----¿Tu hombro...está bien? ----¡Si! ¡la bala todavía está allí, pero si... ya estoy mucho mejor!
Tito le sonríe y le dice.

----¡A mí también me dieron un balazo... bueno fue un rozón nada más!

Dice el muchacho que ve a Yuli, quien afirma el comentario con un movimiento de su cabeza y un gran suspiro.

Aún sin haber podido hablar con su Papá, debido a la llegada de los muchachos, el semblante de Tito refleja incomodidad. Él sabe que lo que siente por Yuli, no es exactamente un afecto de hermanos, también cree que ella pareciera sentir lo mismo por él. Eso por supuesto lo agobia pues al no poder controlar dichos sentimientos, lo frustra aún más al pensar que ella es su hermana.

Un rato más tarde ya en la casa....

----¡Patojos, porque no se dan una su vuelta por el pueblo hoy va a estar alegre, va a tocar la marimba y se pueden echar una su bailada!

Dice don Rómulo el dueño de la casa en la que ellos habían estado por algunos días. Por supuesto él se refería a que esa noche, era la última de las fiestas patronales del pueblo.

----¡Ya hace algún tiempo que no bailamos verdad!

Le dice Doña Teresa a Don Carlos quien le sonríe pero que a su vez ve que Fredy le murmura algo A Martín. Quien se acerca a la ventana tan solo viendo hacia afuera, al momento que dos camiones del ejército pasaban en dirección del pueblo.

----¡Pues yo la verdad no creo, estoy muy cansado por el viaje, además creo que ya se me olvidó bailar, jajaja!

Termina diciendo Don Carlos que se carcajea. Doña Teresa, sonríe y mira hacia arriba como desaprobando el chiste diciendo al señalarlo con el dedo...

----¡No no Don Rómulo dijo... "PA---TO---JOS! ¡No VIE---JI---TOS"!

Todos se ríen de la reacción de ella...

----¿No importa Doña Teresa, Tito sí nos lleva? verdad que si Tito?

Dice la muchacha que toma a Tito del brazo que con una sonrisa afirma el comentario.

Unas horas más tarde...

Ya en el pueblo, al ritmo de la bella melodía "Lágrimas de Telma". Interpretada por la marimba de músicos de la región... Tito bailaba con su Mamá en la solemnidad de aquella melodía interpretada por las notas de aquel bello instrumento. Los músicos que tocaban al unísono y que tenían una apariencia humilde, también en sus manos mostraban los rasgos del arduo trabajo de un campesino. Empuñaban en aquellas manos, las baquetas que con destreza hacían expresar el sutil sonido que resonaba en la madera de Hormigo.

Ella en uno de los momentos del baile ve a Yuli desde la distancia sentada en una de las bancas. Ella desde la banca veía bailar a las parejas que, como Tito y su Mamá, disfrutaban el baile. Yuli frecuentemente miraba directamente a Tito. Doña Teresa se da cuenta de eso y le dice a su hijo.

----¿Yuli aún espera a que la saques a bailar. que pasa? ----¡No, nada!
----¿Pareciera, que la estas evadiendo?

El muchacho tan solo baja la mirada y con preocupación y vergüenza en su semblante responde.

----¡Mamá, lo que pasa es que...creo que estoy enamorado de Yuli...!
----¿Pero?...
Continúa diciendo después de una pausa.
Ella pregunta...
----¿Pero...que? ---- ¡Ve y dice lo!

Tito abre los ojos en asombro, pues piensa, que su Mamá ignoraba la existencia de aquella carta que Yuli le había mostrado y por ende quienes Fredy y Yuli en realidad eran.

----¿Mamá acaso tu...no sabes que Fredy y Yuli... son hijos de mi Papá?

Doña Teresa se detiene y ve hacia donde esta Yuli, que se veía entretenida platicando con unos muchachos que la invitaban a bailar...

----¡No no, tu papá no es el Papá de ellos! ----¿Porque dices eso? Pregunta ella. Tito le cuenta a su Mamá acerca de la carta que él había leído y también la foto y el pañuelo entre aquel paquete que Don Carlos nunca recibió.

Doña Teresa lo toma del brazo y lo lleva hacia al lado opuesto de donde se encontraba Yuli y le dice.
----¡El papá de Yuli y Fredy, es Martín! ----¿Martín?
Pregunta el asombrado muchacho.
----¡María Isabel era la novia de tu Papá en esa época! Él le pidió que se fueran al interior del país donde tu papá había conseguido trabajo. Sin embargo, ella no quiso irse porque Martín quien se había desaparecido por algún tiempo, regresó y frecuentó nuevamente el círculo de amigos de la escuela. Ella siempre estuvo enamorada de Martín lo cual la hizo entregarse a él quedando embarazada ¡

Tito escuchaba atentamente lo que su mamá le contaba pues también mencionaba un episodio político en la historia del país.

----¡Después de la renuncia del presidente Jacobo Árbenz forzado por El gobierno de Estados Unidos, por medio de un grupo paramilitar Anti-Comunista, organizado por la CIA! Un día sin aún saber que ella estaba embarazada Martín desapareció, dejándola a su suerte.
Algún tiempo después Martín sale de Guatemala con rumbo a México, en su afán de revolución sigue a varios cubanos y a Che Guevara. Allí conocerían a Fidel Castro y su hermano antes de organizarse para llegar a Cuba. Martín tardo muchos años antes que pudiera regresar.
¡Después que el desaparece, ella fallece al dar a luz debido a las complicaciones del parto!

Los ojos de Tito veían de lado a lado y su asombro era total, lo que ella le decía era increíble. Escuchar todo esto lo hacía darse cuenta de que ni Fredy ni Yuli eran sus hermanos y sentía que saber esa historia le quitaba un gran peso de su conciencia. Era lo mejor que había escuchado en mucho tiempo.
Con un gesto de su cabeza Doña Teresa le indica a su hijo que ya era hora de expresarle sus sentimientos a Yuli.
Por último, doña Teresa dice...

----¡Doña Licha y yo ya nos vamos a la casa...si no te apurás te van a quitar a la muchacha!

Viendo a Yuli Tito ve que ella está siendo cortejada. Dándole un abrazo y un beso a su mamá, de inmediato hace caso a lo que ella le decía acercándose a donde está Yuli diciendo.

----¡Lo siento muchá, pero esta pieza, mi hermana la baila conmigo!
Yuli asombrada a lo que él decía, ve que Tito la toma de la mano y la escolta al medio del salón. Captando la atención de los presentes ellos en ese momento, eran la única pareja que bailaba al ritmo de la melodía.
(Ojos Españoles). Dicha melodía hacia mágico aquel momento pues Tito se perdía profundamente en el negro de aquellos ojos, encontrando eso que había visto desde el primer momento.
En sin decirse nada, los dos tan sólo se veían el uno al otro, sus cuerpos se acoplaban en el movimiento al compás de las notas de la marimba.

De pronto Yuli dice.

----¡Tito yo!...
El muchacho la interrumpe poniendo su dedo índice sobre sus labios. Acaricia su pelo y perdiendo se aún más en aquellos bellos ojos. Muy despacio el magnetismo de sus labios se encuentre en un beso intenso, el cual pareciera los hiciera flotar transportándolos a otra dimensión en aquella bella melodía.

Sin darse cuenta, ellos quedaban perdidos en aquel momento tan especial como si la música se escuchara a una gran distancia.
De pronto poco a poco pareciera el volumen aumentaba, cuando ellos descendían de las alturas en aquella dimensión de nuevo a la realidad. Tan sólo sonrientes se daban cuenta que ya había terminado la melodía al ver a la gente que reía pues ellos aún continuaban bailando por algunos segundos más.

Una voz se escucha por el altoparlante, que agradecía la presencia de todos a dicha fiesta. También decía que era el final de esta y que la marimba tocaría las últimas melodías para el deleite de todos. Las notas de la marimba sonaban alegrando a los presentes, aunque tan sólo por unos minutos más, la fiesta continuaba. Esta vez a un ritmo muy excitante y pegajoso, tocando la melodía (Bailando en Tercera Dimensión). A la cual ellos habían regresado.

Uno de los muchachos, que cortejaba a Yuli hacía algunos minutos se acerca a ellos de la mano de otra muchacha y les dice.

----¿Y no que hermanos?
A lo que ellos responden al mismo tiempo sonriendo.

----¡Somos una familia muy liberal!
Los muchachos se ven y después de una breve pausa se carcajean al peculiar episodio.

Tito toma a Yuli por la cintura y con un movimiento de su brazo, la hace girar al ritmo pegajoso de la melodía que comenzaba, Llevando perfectamente el ritmo de la música recorrían gran parte del salón. En la algarabía venían formando poco a poco una fila detrás de Yuli. Las demás parejas se unían para bailar haciendo un trencito.

Finalmente, la alegre melodía termina, y la sonrisa de la gente era evidente al disfrutar posteriormente las últimas melodías del baile. Los muchachos disfrutaban a plenitud aquel momento tan especial, a pesar de todo lo que hasta entonces habían pasado.

El típico final de una fiesta guatemalteca se escuchaba en el cambio de ritmo en las notas de la marimba, cuando a los oídos de los presentes llegan inconfundibles notas de la melodía interpretada majestuosamente llamado...

El Son "EL GRITO". (Yo soy puro guatemalteco ¶ y me gusta bailar el Son ¶.).

Tito saca su pañuelo y se lo da a Yuli, que lo huele antes de secarse el sudor de su frente, diciendo...
----Esta fragancia es diferente! ¡me gusta mucho!
Tito sonríe y le responde.
----¡Esta sí es mía!

Ella también sonríe dándole un beso y así los muchachos se alejan escuchando la melodía que se pierde en la distancia conforme ellos caminan en dirección a la casa de don Rómulo.

CAPITULO 17

Los muchachos, iban a la orilla de aquel camino, que llegaba del pueblo a la aldea en la parte baja de la colina. Tomados de la mano disfrutaban sonriendo aquel momento que la tranquilidad de que lugar montañoso les brindaba, con tan sólo el sonido de los grillos en la profundidad de los cafetales.
Yuli ve al cielo admirando la Luna llena que con su resplandor alumbraba aquel camino. Ella le pregunta a Tito con una manipulada ingenuidad en su sonrisa.

----¿Tú crees que esta es la misma Luna de Xelajú?

Tito también ve hacia el cielo y sonríe, se da cuenta que el resplandor de la luna muy pronto sería bloqueado por las nubes que se acumulaban. Eran transportadas por la corriente del viento que pareciera aumentar cada vez más.
El responde con su comentario más chistoso de la noche....

----¡Pues! no lo sé, pero lo que sí se, es de que esas nubes nos van a mojar y mucho. ¡Como quien dice ya vamos a ser "¡Mojados", antes de llegar a Los Estados! (EL NORTE).

Después de reír por lo que él le decía, ella lo ve detenerse por unos segundos. Tito voltea a ver en dirección hacia el pueblo del cual ya se habían alejado.

Tan sólo veía el resplandor de las luces en la distancia. Él se detiene a escuchar además del cántico de los grillos entre los cafetales, lo que pareciera el inconfundible sonido de los motores de camiones o vehículos pesados. De pronto escuchan en la obscuridad, el sonido en el piedrín del camino, que producía los pasos de alguien que se acercaba rápidamente.

Del anonimato de la obscuridad, finalmente surge la silueta de quien pareciera ser un niño de aproximadamente 7 u 8 años, quien caminaba rápidamente al pasar junto a ellos.

Mostraba en su rostro una cicatriz sobre su ojo derecho que lo mantenía completamente cerrado.

Él les decía apuntando con su dedo índice...
----¡Allí vienen los soldados!...

Tito y Yuli voltean a ver a donde El Niño les indicaba, viendo las luces de los camiones que alumbraban en la distancia.

De pronto se dan cuenta que El Niño había desaparecido, Tito jala de inmediato a la muchacha y la guía rápidamente hacia los arbustos. Donde se esconden unas fracciones de segundos antes de ser vistos por los soldados que pasaban en tres camiones del ejército.

Dichos vehículos iban a toda velocidad cuesta abajo en aquel camino que los lugareños denominaban como

"LA MASACUATA*". La gran cantidad de curvas, que formaban aquel camino parecía una serpiente que visto desde la distancia a la luz del día, se veía bajar hasta la aldea.

----¿Qué pasa?
Pregunta Yuli que veía a todos lados buscando al niño que pareciera el bosque se lo hubiera tragado. En un movimiento repentino con mucho asombro, los dos escuchan una explosión y lo que pareciera también el sonido de ametralladoras escupiendo sus letales balas. Dichos sonidos aterradores, provenían de la parte baja de la colina precisamente a donde se dirigían los camiones del ejército.

El nerviosismo de Tito aumentaba pues pensaba que el tiroteo podía ser cerca de la casa donde estaban sus papás.

----¡Tenemos que ir a la casa de Don Rómulo! Dice el muchacho con preocupación.
Regresando al camino ellos se disponían a correr, pero de pronto...el niño aparece detrás de unos arbustos diciendo...

----¡Sigan me por aquí llegamos más rápido a la casa de mi abuelito Rómulo!

Tito nuevamente toma a Yuli de la mano y la lleva en dirección a donde El Niño se metía entre los arbustos.

Corriendo Detrás del niño bajan por los pajonales del cerro, más para ella era más difícil correr con los zapatos que cargaba. Quitándose los zapatos logra deslizarse más rápido cuesta abajo para poder mantener la velocidad con El Niño que se veía correr entre los cafetales adelante de ellos.

Además del sonido de las balas que se escuchaban cada vez más cerca, se veía el resplandor de los rayos que por unos segundos les permitía ver por donde se dirigían. También se escuchaban el impactante estruendo de los relámpagos que pareciera caer sobre ellos y la lluvia torrencial que los mojaba completamente...

El atajo por donde habían seguido aquel niño los había conducido directamente a la parte trasera de las casas. Exactamente de donde provenía el sonido del enfrentamiento contra el ejército.

Tratando se de ubicar en la obscuridad, Tito sabe que una de las casas que eran atacadas es la casa donde estaban sus papás. Manteniendo un perfil bajo protegiendo se tras los árboles, su incertidumbre aumentaba pues no podían acercarse.

Una nueva explosión se escucha y se ve como destruye parcialmente una de las casas. Los ojos de ellos se llenan de asombro cuando ven a Don Carlos y a doña Teresa, salir de la casa ayudados por don Rómulo. A quien se veía aún con un arma en su mano derecha. Al ver esto Tito y Yuli corren hacia donde estaban ellos.

----¿Don Carlos... donde esta Fredy y Martín?
Pregunta Yuli...El tan sólo la ve con una mirada llena de asombro moviendo su cabeza en negación.

Ella como puede agachada entra a la casa pues el sonido de las balas se escuchaba pasar muy cerca pegando en todas partes. Mientras tanto Tito ayuda a su papá y a su mamá a subirse al pickop* de don Rómulo.

Ve hacia atrás y no ve a Yuli, tan sólo ve a varios de los guerrilleros que ponían resistencia al embate del ejército. Rápidamente se movilizaban hacia las otras casas para reposicionarse y seguir disparando.

Martín sale de los escombros empuñando una ametralladora y aunque mal herido se dispone a ir en dirección de sus camaradas y continuar la batalla.

Hasta ese momento parecieran estar perdiendo dicha batalla ante el ataque de la artillería pesada del ejército. La cual se intensificaría aún más pues ya los otros camiones con soldados se acercaban desde la colina. En ese proceso Martín hace una pausa y le dice a Tito que tienen que salir de allí, que don Rómulo los llevará a la frontera.

Tito lo ve aterrado y afirma con un movimiento de su cabeza las órdenes de él. De inmediato, entra a la casa buscando a Yuli a quien ve sosteniendo el cuerpo moribundo de Fredy, quien había sido herido al momento de la explosión.

Él se agacha para evitar ser alcanzado por las ráfagas de balas que esporádicamente llegaban allí. Él se arrastra hasta donde estaban ellos, ella llora inconsolablemente abrazando a Fredy cuyos ojos veían hacia el cielo raso detenidamente en estado de shock. Respirando con mucha dificultad Él les dice que hay que salir de allí.

Con un moviendo de sus ojos ve levemente en dirección a Tito, agarra su mano y le dice con dificultad en el habla.

----¡Muchá*. tienen que salir de aquí...!
Tito lo ve y se da cuenta lo mal herido que Fredy estaba, respondiendo desesperadamente.

----¡Si sí, yo te voy a sacar de aquí... como lo hice en el callejón!
Con dificultad para hablar, Fredy le toma la mano a Tito, diciendo.

----¡Nono, yo ya no... Cuida a la Yuli por favor!
Los ojos de Tito se llenaban de lágrimas a la petición de Fredy, Yuli lo abrazaba y también lloraba, mezclando se sus lágrimas con el agua que goteaba de su pelo y a su vez que caían sobre la cara empolvada y con sangre del moribundo muchacho, quien poco a poco soltaba la mano de Tito.

----¡No no...FREDY!
Exclama Yuli, que sentía también que la respiración de Fredy cesaba...

Una nueva explosión los sorprende, cubriéndolos con tierra que volaba proveniente de las paredes hechas de adobe.

Tito ve a su alrededor, buscando sus mochilas que habían dejado listas para salir del país por la frontera de La Mesilla, al día siguiente.
Tito toma a Yuli y con dificultad trata de separar la de Fredy diciendo....
----¡Vamos tenemos que salir de aquí ahora mismo!

Ella tan sólo lo ve sin convicción, sus ojos completamente humedecidos por sus lágrimas, teñidas de negro por el delineador de ojos que hacia unas horas resaltaba su belleza, más en ese momento se desvanecía lentamente por sus mejillas.

El cómo puede saca a la inconsolable muchacha que se resistía a dejar el cuerpo inerte de su hermano, quien, en su afán de libertad, había muerto luchando por el ideal de revolución en contra de esos que abusan de los más débiles. En un lugar donde la supervivencia Cada vez era más difícil.

La tragedia continuaría pues en los meses después las condiciones serían aún más difíciles en aquella región. Era el preludio de una etapa de suplicio para miles de campesinos quienes serían víctimas de esos que luchaban por el poder.

CAPITULO 18

Después de alejarse de aquel lugar...Tomando una ruta alterna al tratar de evadir y escapar el enfrentamiento bélico.
Don Rómulo buscaba un camino en el que pudiera rodear la montaña y así poder llegar a la población de la Mesilla. De pronto se detiene en el entronque con otro camino. Don Carlos que iba en la parte de atrás junto a los muchachos, se levanta de inmediato pues le sorprendía que el carro se detuviera.
Tito también se percata de esto y siente temor. Sabe que en cualquier en momento pueden ser interceptados por el ejército o la policía. De inmediato se bajan de la parte de atrás y se acercan a la ventana a preguntar por qué se detenía. Yuli sin embargo se queda en la parte de atrás ajena a lo que los preocupaba a Ellos. Aún en su mente estaba el amargo episodio de haber dejado a su hermano muerto entre los escombros de aquella casa.
Don Rómulo les dice que iba a ser imposible regresar al camino principal para poder llegar a la Mesilla. En su afán de escaparse los había puesto en la parte baja de la montaña donde no había forma de llegar al camino principal. Su única opción era el otro camino que los alejaría aún más.
Tito al ver a Don Rómulo que se quedaba pensativo le dice...

----¡No hay algún atajo que podamos tomar, aunque sea para que lleguemos a pie...Así como el que nos enseñó su nieto?
Don Rómulo tan sólo mueve su cabeza en negación y ve a su esposa que estaba sentada entre él y Doña Teresa.
Yuli que sin convicción pareciera no oír lo que ellos hablaban, reacciona repentina mente y grita...
----¡EL NIÑO!
Todos asustados voltean a ver lo que la muchacha exclamaba frenéticamente.
Pues en ese momento el oír a Tito quiero decirles que el nieto de Don Rómulo los había ayudado la hacía recordar aquel niño...
----¡Tito tenemos que regresar por el...por favor!
Decía la muchacha con terror en sus ojos pues pensaba que aquella criatura había quedado abandonado a su suerte.
Tito tan sólo veía a Don Rómulo que se quedaba viendo en dirección al único camino que podían tomar, su esposa tan sólo baja la cabeza.

----¡Suban se tenemos que salir de aquí!
Dice imperativamente Don Rómulo.

Tito y don Carlos se suben y Yuli repite muy angustiada gritando....
----¡Don Carlos El Niño...Por favor regresemos!
En la toma de los hombros y le dice...
----¡Cálmese cálmese! ----¿Pero Papá?
Dice Tito que le preocupaba también donde había quedado aquel niño.

----¡No hay ningún niño...no hay!

Termina diciendo Don Carlos quien ve a Tito y a Yuli abrazarse y verse el uno al otro. Con gran disyuntiva en sus ojos ellos quedaban esperando una explicación a lo que no terminaban de comprender.
El inicia contándoles las razones por las cuales don Rómulo, así como muchos en ese lugar ayudaban a Martín y su guerrilla.
----¡Aproximadamente hace un año y medio algo desastroso pasaría en la vida de la familia de Don Rómulo!...
En aquella región un grupo de campesinos se habían organizado y habían creado una cooperativa para obtener mejores ganancias en sus productos agrícolas. Los dividendos eran buenos y repartidos equitativamente entre los miembros de dicha cooperativa. Tomás el hijo de Don Rómulo era uno de los líderes de esa y otras cooperativas que comenzaban a formarse.
Desafortunadamente para ellos, como en la capital la ambición por el poder era manipulada por funcionarios y allí no era la excepción.
El no tener el control de estas organizaciones frustraba a los funcionarios corruptos que comenzarían una campaña de difamación para obtener el apoyo del gobierno departamental y nacional. Acusando a los líderes de estas organizaciones de proselitismo comunista. Creando así un conflicto de intereses y una batalla política con el fin de obtener el control del gobierno local.
Una noche de reunión con las cooperativas, Tomás se postula a la candidatura a la alcaldía municipal lo cual genera una gran algarabía entre los presentes.

En las horas de la madrugada Un grupo de hombres armados entraron a su casa donde fue asesinado junto a su esposa. Su hijo Tomasito fue encontrado muerto a la orilla del camino muy cerca del pueblo. Tenía golpes en todo su cuerpo y su rostro mostraba también un gran golpe en su ojo derecho.

Los ojos de Tito y Yuli se abrían en asombro al oír lo que Don Carlos les contaba. El resuello en su pecho se exteriorizaba con las lágrimas que rodaban por sus mejillas pues recordaban el episodio a la orilla del camino. Tomando se intensamente de las manos se daban cuenta que aquel niño que los había guiado hasta la casa era en realidad el espíritu de Tomasito.

Después del recorrido por aquellos caminos de tierra, finalmente llegan a la carretera principal que los conduciría hacia San Pedro Sacatepéquez, San Marcos.
Allí después de alojarse en una de las pensiones en el pueblo de San Pedro Sacatepéquez, deciden quedarse allí por el resto del día.
Los planes habían cambiado y habría que tener tiempo para pensar y también descansar. Don Rómulo les había dicho que el nuevo plan sería llevarlos a la frontera de Tecún Umán. Allí en esa frontera el conocía a alguien que los podría llevar al Norte. Pues creía que regresar sería muy peligroso.

Al día siguiente...

Ellos habían decidido salir muy temprano de aquel pintoresco pueblo con dirección hacia la frontera. Ese viaje les tomaría aproximadamente de dos a tres horas. Su incertidumbre era notoria pues comenzaba una nueva etapa en sus vidas. Tito a pesar de estar también consternado por los episodios de la noche anterior, tenía la tranquilidad de saber que sus papás y Yuli estaban con él. También tenía la esperanza que habría algo mejor para todos ellos más allá de la frontera.
Sin embargo, lo entristecía el ver el dolor de Yuli quien por momentos pareciera perderse en aquel horrible recuerdo de la muerte de Fredy.

Unas horas más tarde...Finalmente llegaban a la ciudad de Tecún Umán, allí Don Rómulo les dice que tienen que ir hacia el río donde espera encontrar a esa persona que los podrá llevar al Norte. Tito y Yuli veían a sus alrededores mientras manejaban por las calles de aquel pueblo que presentaba la típica apariencia de una ciudad fronteriza. El flujo de gente yendo en diferentes direcciones y una gran cantidad de comerciantes callejeros que trataban de obtener el sustento diario en la venta de su mercancía.

Don Rómulo sin embargo no se dirigía al cruce principal entre los dos países. Atravesando todo este tumulto entre los comercios del pueblo se dirige a la parte sur donde se concentraba la operación del cruce del río por medio de las balsas.

Dichos vehículos de transporte acuático no eran nada más que balsas improvisadas, construidas con varios tubos de llanta de tractor inflados a su máxima capacidad, amarrados a unas tablas que proporcionaban la superficie para transportar la carga de mercancía y personas que pasaban al otro lado.

Sentados en la parte trasera del picop los muchachos y Don Carlos veían la gran cantidad de gente que allí se encontraba. Pareciera ser como un lugar turístico. Definitivamente todas estas personas allí no estaban en plan de diversión. En una gran mayoría era gente que esperaba atravesar el río e iniciar su travesía hacia la tierra prometida.

----¡Ahorita regreso!

Dice Don Rómulo que se baja del carro y se dirige hacia la orilla del río, donde uno de los muchachos que se encargaba de guiar la balsa empujando la con una vara, se disponía a iniciar su trayecto. Desde la distancia ellos ven que el muchacho le señalaba a Don Rómulo en dirección de las otras balsas donde pareciera estar la persona a quien Él buscaba.

Mientras tanto...

Doña Teresa que estaba en la parte delantera, se le veía cansada y tan sólo recostaba su cabeza sobre el cristal de la ventana.

Tito se acerca a su papá y le dice...

----¡Mi mamá no se siente bien! ----¡Lo se!

Responde Él mirando a su esposa.

----¡Tú y Yuli vallan a comprar algo de comer, quizás eso la reanime un poco!

Tito toma la mano de la muchacha y la ayuda a bajar, después caminan hacia uno de los vendedores ambulantes en aquel lugar.

Unos instantes después, Don Rómulo se acerca al carro con un muchacho.

----¡Don Carlos Él es la persona del que les hablé!

Don Carlos extiende su mano y se presenta tomando la del muchacho quien dice charlatana mente...

----¡Mucho gusto Don Carlitos! Me llamo Fernando, pero me dicen "El GATO".

Dice aquel muchacho inhalando el humo de su cigarrillo que posteriormente salía por sus nasales.

Don Carlos tan sólo sonríe. Don Rómulo que en su rostro reflejaba el cansancio del viaje, también mostraba preocupación. Él le dice que El Gato saldría en unos minutos hacia Estados Unidos pero que ya tenía varios que iban con él y que nada más podía llevar a dos más. En ese momento los muchachos regresaban con la comida y se acercaban a ellos. El Gato de inmediato los ve y con malicia en sus ojos zarcos se le queda viendo a Yuli de pies a cabeza.

Don Carlos ve a los muchachos y también en dirección a donde estaba doña Teresa que bajaba su mirada. El mostraba también preocupación en su semblante después de oír lo que Rómulo decía.

----¿Entonces que jefe quienes son los dos que se van conmigo?

Dice El Gato que no dejaba de ver a Yuli. Tito ve a su papá confundido, Don Carlos en un gran suspiro abraza a los muchachos diciendo Ellos dos.

El Gato nuevamente con la malicia en sus ojos ve su reloj y después en dirección a Yuli y dice.

----¡Así me gustan los negocios, salimos entre veinte minutos!

Ya enterados del porque sólo ellos harían la travesía, Los muchachos con nerviosismo tomados de la mano esperaban pues se daban cuenta que desde este momento estarían expuestos a lo desconocido en lugares donde nunca habían estado.

Con un chiflido El Gato les señala que era hora de partir, ellos ven que algunas personas comenzaban a subirse a la balsa que también llevaba algunas cajas de mercancía. Tito se abraza a su mamá, quien lloraba inconsolablemente, después Don Carlos abraza a los muchachos y les pide que se cuiden mucho.

Don Rómulo les desea buena suerte y ellos también van y lo abrazan. A sus oídos llega un nuevo silbido ¡Vamos vamos!
Decía El gato...

Al llegar ellos a la balsa ayuda a Yuli a subir y la lleva a la parte de adelante, Tito se sube y al momento que la balsa es empujada corriente adentro,
ver hacia dónde están sus papas y ve que su mamá cae al suelo.

Su papá trataba de hacerla reaccionar pues parecía haberse desmayado. De inmediato Él en su confusión se lanza al agua y le grita a Yuli, ella ve que Tito está en el agua y no entiende que pasa.

La balsa continúa yendo río adentro, Yuli también grita el nombre de Tito, quien se queda estático viendo a su papá quien le dice con señas que regrese a la balsa. Tito titubea por unos segundos, pero se da la vuelta en dirección de la balsa que se alejaba y llegaba a la parte donde la corriente del río comenzaba a aumentar. El muchacho ahora tiene que nadar lo más rápido que pueda pues la corriente arrastra la balsa con más velocidad.

Tito se acerca, llega casi a la orilla de la balsa, pero ahora la corriente es mayor al igual que su agotamiento. Yuli gritaba y se acerca a la orilla a tratar de ayudarlo, en la parte más turbulenta del río Tito se hunde por unos segundos, sacando únicamente su mano a la superficie. De pronto cuando parecía que la corriente se tragaba a Tito. Por debajo del agua ve una silueta que, desde la superficie, agarra la de Él y lo jala sacándolo del agua al subirlo a la balsa.

Tito acostado en las tablas que sostenían la improvisada balsa trataba de respirar tosiendo y escupiendo el agua que había tragado. El Gato se acerca y le dice....

----¡Otra de esas pendejadas y te aseguro que no vas a llegar al Norte compadre!

Tito tan sólo lo ve y con dificultad al respirar, tosiendo le dice....

----¡Gracias por sacarme!

El Gato mueve su cabeza en negación y le dice despectivamente....

----¡A mí no me agradezcas nada pendejo el que te salvó fue este!

Tito confundido ve a su lado donde estaba el que le había salvado la vida y en medio de su agotamiento, la cara de Tito se llena de asombro al ver ante el a un muchacho de aproximadamente 19 años de piel morena, con un semblante humilde cuyas características llamaban la atención de Tito.

Este muchacho tenía la misma apariencia y el pelo ondulado como el de la figura que a Él se le había aparecido varias veces en su casa.

Tito toma unos segundos dentro de su asombro y extiende su mano. El muchacho que también se veía agotado por el esfuerzo hecho, toma la mano de Tito que le expresaba su agradecimiento tan sólo sonriendo.

Ya en lado mexicano, Ellos después de decir le adiós a sus papás desde la otra orilla. Caminan por varias cuadras donde abordarían un microbús que los llevaría a la ciudad de Arriaga aproximadamente a 3 horas y media de distancia. Allí posteriormente abordarían el tren, que es llamado por los inmigrantes como. "LA BESTIA" ... (el tren de la muerte) (si pueden vean este enlace para más ilustración).

(http://www.prensalibre.com/noticias/migrantes/Bestia-suenos-migrantes-EE-UU_0_597540508.html)

Se detienen a descansar en aquel lugar donde llegaría el microbús. Tito y Yuli se acercan al muchacho quien de su bolsa había sacado una foto, la cual miraba muy detenidamente. Tito se sienta junto a él y al verlo como miraba la foto le pregunta...
----¿Tu familia?
Él sonríe sin dejar de ver la foto con nostalgia en sus ojos y responde.

----¡Si! aquí estamos en Esquipulas en 1967!
  Tito ve la foto también y sonríe.
----¡Perdón no nos presentamos... ¡Ella es Yuli y yo me llamo Tito!
  Extendiendo su mano, Yuli le sonreía pues oía cuando Tito los presentaba.
  Y cuando el muchacho les iba a decir su nombre...

El chiflido del Gato se vuelve a escuchar...
----¡Alisten se, allí vienen dos ruleteros... ¡Tú y el COLOCHO se van en el de atrás...y usted se va conmigo!
  Dice El Gato viendo a Yuli detenidamente.

----¡NO...Ella viaja conmigo! Dice Tito que se le queda viendo seriamente al Gato que se acerca a él con enojo en sus ojos y le dice.
¡----El que da las órdenes aquí soy yo pendejo!
El otro muchacho le dice al Gato...
----¿Ya te dijo que ellos viajan juntos...que no entiendes?
El gato los mira y se aleja con cara de pocos amigos. El muchacho comienza a caminar detrás del Gato en dirección del ruletero. De pronto Tito lo llama diciéndole al tirarle unos bananos y una naranja que había sacado de su mochila...
----¡Gracias!...

¿Como te llamas?
El muchacho agarra las naranjas en el aire, lo ve sonriendo y responde....

----¡Álvaro, me llaman Álvaro...

Made in the USA
Coppell, TX
30 August 2021